日本人笔下的中国城市丛书

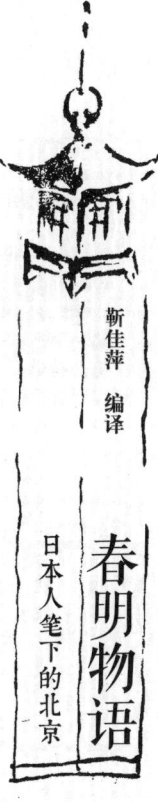

靳佳萍 编译

春明物语

日本人笔下的北京

图书在版编目(CIP)数据

春明物语:日本人笔下的北京 / 靳佳萍编译.--南京:南京师范大学出版社,2017.12
(日本人笔下的中国城市)
ISBN 978-7-5651-3326-8

Ⅰ.①春… Ⅱ.①靳… Ⅲ.①北京—地方史—史料 Ⅳ.①K291

中国版本图书馆 CIP 数据核字(2017)第 284024 号

书　　名	春明物语——日本人笔下的北京
丛 书 名	日本人笔下的中国城市丛书
编　　译	靳佳萍
责任编辑	张元卿
出版发行	南京师范大学出版社
地　　址	江苏省南京市玄武区后宰门西村9号(邮编:210016)
电　　话	(025)83598919(总编办)　83598412(营销部) 83598297(邮购部)
网　　址	http://www.njnup.com
电子信箱	nspzbb@163.com
照　　排	南京理工大学资产经营有限公司
印　　刷	江阴金马印刷有限公司
开　　本	787毫米×1092毫米　1/32
印　　张	8.875
字　　数	124千
版　　次	2017年12月第1版　2017年12月第1次印刷
书　　号	ISBN 978-7-5651-3326-8
定　　价	45.00元

出 版 人　彭志斌

南京师大版图书若有印装问题请与销售商调换
版权所有　侵犯必究

前 言

本人自2014年申请天津教育厅人文社科项目"日本人笔下的天津"至2016年结项,一直关注并研究日本人笔下城市印象的相关史料,利用课余时间从事搜集、整理、编译及研究工作。在这期间萌生了编译日本人笔下城市系列相关书籍的想法,而恰巧此时南京师范大学出版社的张元卿老师也正有此意,于是酝酿编译《春明物语——日本人笔下的北京》。

用文字记述的历史资料是城市记忆的主要载体之一,其中游记、纪实、日记、信件、见闻录等应当是最值得关注的资料了。近年来,随着这方面史料越来越多的出版,其价值也引起了更多学者的关注。近代以来外国人笔下的记述,如西方的传教士、商人、官员、学者等,还有那些常年居住在中国,甚至在中国长大的侨民,其出版的旅行记、传记、回忆录等,正成为研究社会史、文化史、城市史的重要史料来源。

出自来华日本人之手的此类资料,引起史学界的重视相对较晚。然而就数量而言,日本人留下的游记、日记、信件等可能要比欧美人多出许多。仅1980年日本东洋文库出版的《明治以后日本人的中国旅行记解题》一书就收录了藏于东洋文库的中国游记四百余种,而这在明治以后日本出版的中国游记中只是九牛一毛。因此,笔者认为对日本人笔下的中国城市史料的编译工作具有很高的研究前景和学术价值。

本书选取了十九世纪八十年代到二十世纪四十年代(跨越了甲午中日战争、八国联军侵华战争以及抗日战争,日本则经历了明治、大正、昭和三个时代)来华访问的十四位日本人的作品,其中有文人记者,也有学者、医生、小说家、实业家、政治家、教育家、商人等。他们来北京,或短期调查、旅游,或长期工作、学习。不同的文化背景、旅行目的及兴趣,使得他们笔下的所见所闻、所思所想丰富多彩,为我们提供了新鲜的历史资料。不过对于他们笔下偶尔流露出的他者的偏见,我们自应用批评的眼光来审视。

本书出版的设想是用编译日文资料来反映北京城的历史面目,结构上仿照地方志的写法,分成印象、名胜、生活、设施、娱乐等类,每类之下按内容并列若干文献,同时配发了一些相关的图片,是用日文资料来重"写"、重构的一本"新书"。

在编译过程中为保存文献原貌,尽量以尊重原文的风格进行翻译,未做大的改动;原文中涉及对中国的称呼如"支那"等,为保存文献原貌,翻译时一律不做变动。译者才疏学浅,选译或有未当,但仍希望本书能为关注北京历史文化的研究者和读者提供新的资料。

译者

2016 年 12 月

目录

前 言 / 001

印象(一)

通州北京间的道路 / 003

民国的首都 / 008

商人北京行 / 013

北京旅行指南 / 022

初夏和风下的北京之行 / 025

印象(二)

天空蔚蓝,王宫屋脊瓦砾金光灿灿 / 039

游览北京城 / 043

北京印象记 / 052

北京漫步记 / 073

旧京花木 / 079

名胜(一)

战后的紫禁城 / 087

紫禁城和社稷坛 / 101

紫禁城古物 / 107

故宫 / 110

正阳门 / 116

中华门 / 119

景山 / 121

天坛和历史博物馆 / 123

孔庙 / 127

雍和宫 / 133

北海 / 137

万寿山 / 143

名胜(二)

明十三陵 / 151

居庸关 / 158

八达岭之行 / 160

长城 / 167

生活

北京的车马 / 173

北京的僧侣 / 177

北京的冬天 / 180

北京的赶时髦之风 / 187

城墙 / 190

东安市场 / 193

鞋店之行 / 198

北京女子教育 / 201

设施

京师图书馆 / 207

中山公园 / 210

日本公使馆 / 215

北平协和医院 / 219

商店 / 227

电灯 / 229

电车 / 234

停车场和汽车 / 236

宣传标语 / 243

十字路口的广告 / 246

娱乐

观名角梅兰芳 / 251

四海升平 / 257

城南演艺场 / 261

作者简介 / 263

参考文献 / 270

后　记 / 272

插图目录

图 1　日本公使馆门前 / 006

图 2　战后的通州市街 / 007

图 3　作者在万寿山 / 018

图 4　大理石的石舟 / 019

图 5　天安门前的华表 / 026

图 6　午门 / 028

图 7　同仁会北京医院 / 047

图 8　东四牌楼 / 048

图 9　京奉铁路正阳门东停车场 / 050

图 10　万寿山 / 056

图 11　战后的肃亲王府 / 089

图 12　太和门 / 105

图 13　太和殿唐狮 / 112

图 14　正阳门 / 117

图 15　文庙 / 131

图 16　明十三陵神道石兽 / 156

图 17　八达岭 / 162

图 18　服部繁子 / 202

图 19　中山公园战胜纪念门 / 211

图 20　北平日本公使馆 / 216

图 21　日本人制作的梅兰芳石膏像 / 254

图 22　四海升平写真 / 258

图 23　琴雪芳戏装照 / 261

印象（一）

通州北京间的道路

从通州西门到北京城外的东直门按日本里程来算大约有四里[①]。到北京城内交民巷的日本公使馆约有五里。其间的道路大都是石路。由长约六尺,宽三尺,厚度七八寸的巨石铺成,路宽约九米。石块和石块之间由铁楔相连,坚固无比。从白河下游运到通州的货物,若再运往北京,除了运河,就靠这条石路了。平时这里车马络绎不绝,车轮马蹄之下,磐石铺砌的道路也禁不住摧残而变得坑坑洼洼,愈发难以通行。这里平时有一种带篷马车,车篷是半圆筒形,高四尺,前后三尺,左右二尺五,乘客坐在其中,车夫坐在车篷前面,左手拿缰绳,右手执马鞭,一匹马在前面牵引。这种车和日本的牛车类似。车轮和车轴都很大。无论道路怎么颠簸,也不用

---

① 原注:1891 年日本将 43.2 km 定为 11 里(1 里≈3.927 km)。

担心破损。以前的马车，减震性能很弱，人坐在里面跟着马车的颠簸而晃动，甚至有时让人头昏脑涨。

联军进入北京城后，石路的损坏大大影响通行，俄军沿着石路在南面的田间开辟了一条新路，出兵最多的日本军队，也要依靠俄军修建的这条道路。此外，日军的工兵队伍还在石路的北面，从通州城的北门，沿着大和庄、长劳口、塔连坡、亮马厂、石州堂、六军屯、二里庄的各个村落，过东直门，又沿着城外向北到安定门外的日本军团北部修建了一条宽约四米的道路。日本道和俄国道都和以前的旧道丝毫没有连接，都是在田地里开辟出的新路，并且尽可能地修成了一条直线，这样一来，比起旧道距离就大幅度缩短了。

我们一行人向通州守备队本部申请，各自骑了一匹马，但是我生来不爱骑马，这次又带着容易受损的相机，于是就选择了马车。车里铺着丝绸的坐垫，车棚左右是木雕小窗户，再加上纹饰多样的窗帘，看上去十分豪华。平日里，在北京到通州的路上，这种马车有上百辆，虽说是旅客用车，但如今除了外国军队以及马夫外几乎看不到旅客的影子了。马车也尽都被各国军队占用，并插上了各国国旗，还有护兵相伴。如果没有这些标志，很可能会被逮捕。我们一行人的行李也都堆在了车里，税所上校的骑兵以及负责马匹的勤务兵们为我们保驾护航。首先，我们要经过俄国修建的道路，道路比较低洼，还好最近降水少并不担心水流成河。但连日干旱，路上满是沙尘，马蹄踩过，尘土迎面扑来，特别是遇到各国军队同时赶路，更是沙尘漫天，难以睁眼。我努力往车外望去，路边杨柳繁茂，松树成荫。进入北清以来，还是第一次见到松树。松树林间还能隐约看到一些砖墙，走近一看，原来尽是坟墓。清朝人的坟墓经过装饰，远远胜过一些园林。这些坟墓紧邻人来人往的石路，有时可以看到路旁高约四米、宽四尺的石碑。石碑立在石头底座上，想来上面也许还会记录下这条石路建造时的轶事吧。

从通州大约走了二里路我们到了定幅庄。那里人口还算稠密。首先映入眼帘的是一个非常庄严的宅邸，听人说这是通州道台衙门。不远处就是日军的粮食纵列本部，横穿过石路我们可以去那里小憩一下，也能和同行骑马的伙伴们说说话。时间大约是上午十一点钟，我们吃过午饭后又继续踏上石路，过了大约两个小时，我们终于到了朝阳门。

图1 日本公使馆门前
(原文插图)

图2 战后的通州市街
（原文插图）

——坪谷善四郎:《北清观战记》,博文馆1901年版,第56—66页。

民国的首都

二十三日早晨,我们一行人作为京北铁路上的第一批旅人,乘坐火车从天津出发。"在中国这片大陆上,本来秋季常有的时阴时晴、变幻莫测的天气不见了踪影,到处是一片日丽风清。这样不冷不热、澄澈明净的秋季的确让人心旷神怡。但是如果占领天津后用飞机来袭击北京的话,就会变为混沌一片了吧。"我们这样讨论着。这附近,只有翠杨青柳旁,水边村子里成群的山羊、白鹅和猪之流,再没有什么值得观赏的景色。

上午十一点,我们就能看到北京的城墙,到达前门停车场了。三井物产的菊川学士前来迎接我们,把我们带到了东单牌楼的扶桑馆。

北京又称顺天府或者燕京,是爱新觉罗氏屠城后定都的地方。清朝如一场梦一般消散后,北京又成为民国的首都,即大总统袁世凯的都城。

随后中华民国临时政府成立,孙中山被推举为临时大总统。

此时已经辞去清政府的职务,在河南老家秘密策划好一切的袁世凯在暗暗高兴。以当时朝廷的实力是无论如何都剿灭不了南方的革命军的,所以必定会召袁世凯出山来收拾局面。袁世凯并不轻易应承,而是等到起义军终于要攻入北京才进京。这时,袁世凯心里已经把自己任命为大总统了。他进京后,一方面告诉清政府,剿灭革命军绝不是一件容易的事,以此来威胁清政府。另一方面,他首先攻打武昌,讨伐汉阳来打压革命军的气焰,然后反过头来告诉清政府大势已去,逼迫其退位,最终拉拢孙中山等人,和南京临时政府达成和解,在各国惊异万分中建立中华民国,成为大总统。翻阅中国的历史,在朝代更迭权力变幻中如儿戏一般的事件很多,然而清朝的末路却让人感觉很滑稽。

有一句话是"看过了皇宫的宏伟就知道什么是皇帝的尊贵",但是现在这句话不改正一下的话就说不通了,因为现在皇宫是大总统的居城。但是民国的大多数人,实际上都是认为袁世凯就是皇帝的,他们并不了解共和国的性质是什么。对他们来说,大总统也好大皇帝也好,是袁世凯也好、孙中山也好、什么人都好,这些都没有关系,只要是实施有利于自己的善政,他们就会去讴歌。

清朝的皇帝毕竟是一代帝王,所以并没有毁坏皇宫。据说,袁世凯积极谋划,几次三番想迁入他的宫殿,但都被看作是保守倒退而不被应承,因此他一直很不满意。

北京城分为内城和外城,都筑有坚固的城墙。紧挨着内城中央的正阳门有一座用黄色的石头建筑的宫殿,那就是皇宫。皇宫的正北是一座小山即石景山,这也是明朝末代皇帝崇祯自缢之地。据说,石景山是一座煤山,是原来皇家用石炭垒建的,以便在有重大事情发生时,做守城时的燃料使用。

如果去北京的街上漫步的话,你就会看到,新兴思想的混乱状态像"全景画"一样呈现出来。东四牌楼、北四牌楼、后门大街、前门大街、大栅栏这些道路上,都铺上了不同形状的日式风格的基石,中间注入水泥,再用轧辊碾压平整。中央是车道,左右两边是人行道,还种上了柳树立起路灯,雇佣几百名工人每天洒水除尘整洁路面,比我国的东京还修整得面面俱到。特别是内城和外城都铺满了巨大的岩石,感觉很完美。但是一旦你拐进小胡同感觉就糟糕了,你会发现一条甚至几条道路都遭受过马车通行碾压而没有得到整修,道路中间呈凹形凹陷,甚至有的地方的积水都达到两三尺深。据说,进入雨季还有在这样的道路上溺死的。

再来说说那平坦的大马路上的景象。有发着刺耳声响的汽车在飞驰,有华美的马车,还有雅致的人力车。穿洋服的人、华服的人、甚至军服的人混杂着。其中,还有不知从哪条小胡同跑出来的成群的猪,拱着丑陋的鼻子穿梭。从蒙古来的骆驼一边反刍一边迈着长长的腿,五六只良马被放养着。山羊和家禽也在街上游乐。另一方面,可以看到,有人在门市店悠悠然地吸着长烟管,理发店的师傅在给他剃着阴阳头。大概这种景象是只有在中国才能看得到的吧。

比中国的房屋高级、整洁一点的就是西洋的房屋。比西洋的房屋粗劣、肮脏一点的就是中国的房屋。两者都是用砖和木材,在同一个模型的基础上建造的,有区别的话，也只是大小宽窄的区别。房屋四周都是用砖垒成的厚厚的墙壁，所以一旦锁上门，就很难从别的地方侵入。这也是人们在经受多年的兵火战乱和劫掠的经验的基础上，不得已而采取的一种建筑方式吧。一到夜间，家家户户锁上门，屋里的灯光照不到房子外边来，北京的夜就像死一般的漆黑一片，只有巡查、宪兵和兵士的刺刀上泛着吓人的光。

——杉本正幸所：《最近的支那与满鲜》，如山居大正四年版，第56—66页。

商人北京行

四月三日,北京狂风肆虐,尘土飞扬,我到达旅店已是晚上七点半了,黄沙漫天,天昏地暗,我驱车经过能容纳三百人的北京宾馆,一座五层小楼,进入了扶桑馆。过了一夜,风依然咆哮,天津的风沙已经相当厉害了,可北京的沙尘更让人感到窒息,必须戴上口罩才能勉强正常行走。到中国旅行需要注意的一点是电报,满铁沿线可以用日语发电报,但是离开满铁后的中国电报局就都变成了西文电报,而且一句话就要五十钱。在天津和北京,日文电报要通过国际观光局,先用火车送到奉天,再在奉天发出,因此会耽误一天半的时间,但是价钱却和满洲一样便宜,让我在外国也感受到了来自日本的福利。正如那句"让孩子去外面经历风雨吧"。到了晚上风缓和了许多,我和旅店的一名工作人员到正阳门外的大街上散步。百货店大楼鳞次栉比,和服店壮丽的大楼装饰得宛如大佛坛那样漂亮。在这深夜里竟还有乞丐,让人非常不舒服。

四月四日,风沙依然未止,北京是中国的政治中心,并非是一座商业中心城市。为了了解目前的政治情况,我拜访了日本公使馆,1900年义和团运动后,根据辛丑条约规定,各国使馆区域内中国人不得居住,行政警察等由各国管理。居留地平坦开阔的道路上各国的建筑雄伟壮观。使馆区内有一条静静流淌的河流,而日本使馆就在这条河流的东岸,与西侧的英国使馆相对而立。1873年山田显义任首位公使,当时的使馆所在地已成为了现在的东本愿寺。1879年伊集院彦吉任公使时迁到现在这个地方。通过申请我见到了二等书记官岸田英治,三重县山田市人,和政治家滨田国松是亲戚关系。他十分亲切地向我介绍了中国政治现状。离开使馆后我又见到了新支那社安藤万吉先生,他从北京的近况,介绍到中国的未来以及日本的对华计划,话语中充满了热情与力量。见过安藤先生后我回到了住处,回想这一天过得实在是很有意义。

(中略)

四月五日，云淡风轻，是个观光游览的好日子。我们参观了著名的喇嘛庙。蒙古西藏的僧侣们都在泽山一带，境内尽是穿着奇装异服的蒙古人穿梭往来，叫卖喇嘛活佛像以及各种佛像和佛珠。走进雍和门，是四栋藏式八角堂，天王殿里有布袋和尚像，四大天王表情狰狞令人心生恐惧。后庭有乾隆皇帝为传教而命人雕刻的大石碑，以满蒙西汉四种文字介绍喇嘛教，还有释迦堂，里面是蒙古式释迦，前面是阿难尊者和木莲尊者，左右是药师如来和阿弥陀如来。再后面是长寿观音堂，里面有精致巧妙的千手观音，法轮殿里是无量寿佛的刺绣大曼陀罗，两百一十册西藏经文一一装入锦袋之中，摆放在一起。西本愿寺赠送的大藏经也放入箱中安置。背面是五百罗汉的大型雕塑，还有精雕细刻着五百罗汉的神厨。进入万福阁，有一尊从西藏请来的楝木大佛，高约六丈，全身涂满金色，我们试着测量了一下大佛的小脚趾，大约宽四寸长六寸。关帝庙中有一尊漆制关羽像，十分英武，如今已是价值数百万元的国宝。像前几个蒙古人正在抽签，看上去和元三大师的神签一样。还看到了骑象观音、骑虎观音、骑狮观音，再往下看，正中央是释迦佛像,两侧是守护观音。观音殿里有阴阳和合佛,在五尺大的天地佛上还有五六个做着奇怪事情的小佛像,只需十钱便可以让我们看到幕后。

旁边是西藏喇嘛总寺院的模型和初代喇嘛的尊像,我们临走前转了一圈,买了两幅相同的经文卷轴以作纪念。

乾隆帝为收买蒙古和西藏的人心,迎合他们的喇嘛教信仰,在北京建了一个喇嘛教的分寺提供给僧侣。这是以宗教政策来平定天下。不论在东部还是西部,之前的大政治家们也大都是用宗教来使民心更加自由。

我们一行人又去了孔庙,果真十分气派,六百多年的松柏郁郁葱葱,树干直径五尺左右。还有历代皇帝的碑文,最新的是黎元洪写的"道洽大同"四个大字的匾额。大成门的石阶是一整块大理石,宽将近四米,长七米有余。我们还看到了三千年前周宣王制作的石鼓,还有七百年前的大理石石鼓模型。中国是十分重视文字的国家,所以有专门的地方来烧那些写满字的纸。每年二月和八月大总统都会亲自在上丁日举行祭祀大典。除了孔庙,还可以看到高约百尺的鼓楼以及钟楼。

我们驱车离开北京,在郊外行驶四里[①]后进入了万寿山。乾隆皇帝为纪念皇太后六十大寿的万寿节,在万寿山上命人建造了大报恩延寿寺,又在两里外的后方将玉泉山的清泉引到这里建造了大湖。半山腰上建造了佛香阁,万佛阁极尽奢华,青黄的瓦片闪闪发光,点亮了山色,和周围一里的昆明湖相互映衬,堪称绝景。向背后望去,西山连峰蜿蜒起伏,前面是一片苍茫的平野,远处可以遥望到百万人口的北京城。万寿山里,有绵延一里的长廊,有平面八十坪左右的大理石石舟,五百多坪的吸烟室,德和殿剧场是一座三层小楼,舞台百余坪,后台约两百坪。皇族席位,臣下席位,女官席位等级分明,宝座也是极尽奢华。在后台给演员准备了二十一间房屋为表演做准备。万寿山规模之雄伟放眼世界也是罕见。想给那些去过东京和伊势游览过的人推荐此万寿山的美景。建造此山据说花费了二十余年,费用不计其数,听说五十多年前西太后为稍作修缮便将原本为扩张海军的八千万元投到了这里。由此可见,修建此山至少

---

① 原注:日本 1 里约 3.927 km。

图 3 作者在万寿山
（原文插图）

图4 大理石的石舟
（原文插图）

需要数亿元吧。

归途中我们在农事试验田附近见到了一个名叫刘大天的魁梧男子,身高七尺八寸,体重八十公斤有余,今年三十六岁,在这里负责看守,每月收入十元。前两任妻子都已经去世,现在的第三任身高可以到这个男人的肩膀。人车混杂中,我们离开这里回到了住处。

四月六日,我们去了北京报社,见到了负责人波多野干一,是一个身材瘦小性格温和的人。我们询问了一些中国时事问题后便告辞去了居留民会,日本侨民仅有三百六十八户,一千五百八十三人,民会的经费每年三万三千元,会费两万一千六百元,每户平均六十元,教育费用一万八千元。中学生一百五十六名,有六位教师,每个学生的花费每年竟高达一百二十元。更让我震惊的是,前年修建新校舍时花费的十五万元竟全部都是当地居民及亲友捐赠,没有接受任何外界资助。今年的毕业生中想要考取中等学校的有十一人,全部成功,真是令人难以置信,同时心中又有一种说不出的喜悦。于是马上飞奔到学校,在学校受到了广田治助校长热情招待。他告诉我们,今年的毕业生有十六名,成绩最低七点五分,最高九分,平均分八点三分。去年的学生们就全部升学,今年也有十一人全部成功升学。就在四五年前这个学校还曾因升学难而为难,而我也庆幸自己来的正是时候。因为觉得太不可思议,便忍不住询问了一下教学方法。本学期从去年十二月中旬开始,每天晚上都会安排两个小时的复习时间,当然最重要的还是师资力量强大。我更在意的是学生们在外国漂泊所受的刺激,老师到家人到朋友之间,他们常常被中国的孩子欺负,这种来自周围的刺激,经常让学生们神经紧张。

——服部源次郎:《一个商人的支那之旅》,东光会1925年11月版,第114—126页。

北京旅行指南

以往说起到海外考察大都是前往伦敦、巴黎、纽约、华盛顿、波士顿这些地方,仿佛已经是约定俗成的事了。但是作为一名东方人,首先我想从周边国家开始,了解一下东方各国名城,尤其想要到中国首都北京探索一番。目前去往上海和香港的人已是数不胜数,但北京这座典雅的都城大概是和世界有些脱轨的原因吧,鲜有外国游客前往。然而近来报纸、杂志、书籍上经常出现东洋各国的信息,想要一睹北京风采的人也越来越多。其中有不少人长期定居于大连、天津、青岛等北京周边城市,想着随时可以去北京游玩,但多数人一次也没去过。不过,相信只要去过一次,便会忍不住想去第二次第三次。北京的情怀亦是别具一格。

说起最令人怀念的,我最先想到的还是那里的文人墨客。在此我想介绍一下前年春天从北京来的三位画家。

在前几年日方主办的日华联合书会上我有幸见到了来自北京的金绍城、陈衡恪、吴熙曾这三位先生。此次联合书会上展示了民国现代书法家的四百余幅作品，还有龚半千、吴小仙、沈周等人的书法作品共计十八幅，同日本现代书法作品八十余幅共同陈列在了丸之内东京商工奖励馆楼上，我们在那里拍了一些照片作为纪念。除了陶镕、陈年、凌文渊、愈明、贺良朴、萧俊贤等来自北京的几位书法家外，还有来自上海的吴昌硕、王一亭、杨雪瑶女士，来自安徽的吴康淑，广东的颜世清，以及福建、浙江等地的三位书法家代表，他们为了东洋书法艺术的发展而来到日本，令人无比激动。前年几位日本书法家来到了中国，今年同样计划安排几位到中国进行交流。艺术家们为了延长自己的艺术生涯，现在也从社会各方陆续前往北京进行观光学习。

随着北京和东京之间人员往来越来越频繁，两座城市的距离似乎也逐渐缩短。去北京也像去东京一样非常容易。目前去北京大概是以下三种途径。

第一，经由奉天进入北京（从釜山登陆）；

第二,经由渤海湾进入北京(在天津登陆);

第三,经由山东进入北京(从青岛登陆)。

这三条路线中,从时间来看,到青岛登陆是最费时的。如果不晕船的话,从天津登陆是最佳方案。如果不喜欢坐船,喜欢火车的话,先到朝鲜再经由满洲到达北京是最佳方案。然而不管是哪条路线,除非是从上海、汉口出发,不然要想去北京就必须经过天津,然后再坐四个多小时的火车到达北京城正阳门外(一般称为前门外)的火车站。

——后藤朝太郎:《支那趣话》,大阪屋号书店1927年12月版,第242—251页。

初夏和风下的北京之行

天安门

进入中华门再往里走一段有一条东西方向的街道,这是日本人熟知的东单牌楼所在的东长安街。东长安门牌楼就设立于此。与此相对在西面的叫作西长安门。东西长安门中间坐北朝南的就是天安门。这里到处都是建造宫殿用的大理石,其纹路雕刻十分清晰。如果说正阳门和中华门还没什么的话,看到天安门就真的感觉到了皇城的气势。放眼望去用的都是黄瓦、红墙、白色大理石这三种材料,其规模之大再加上周围光景的映衬,让人真切感受到了大国风范。若是到了天安门,其左边的中央公园也是必游之地。原东单牌楼附近的石制牌楼经过稍稍改造后被移到了此中央公园内。然后

图 5 天安门前的华表
(《支那北京城建筑》,伊东忠太编,东京帝室博物馆 1926 年版)

再往左手边走便能看到南海的美景。在这附近还有霞公府山本写真馆旧址。如果从北京饭店出发往西城方向走的话,这里是必经之地,让人倍感亲切。天安门外的大理石华表十分引人注目,这和明十三陵的有些不同,白柱上龙的雕刻样式有些变化,看起来十分有趣。如今在这样的皇宫里能够自由往来,道路畅通无比,以前是难以想象的。晚上走过这里,像是走在照片里一样,在路灯的灯光下,白色大理石更加光鲜亮丽,让人感到无以言表的庄重,十分典雅,充满了艺术气息。一门楼的建筑也像画中一般,仿若一座宫殿。看到这,也能大概想象出整个北京城是怎样一种壮观了。

进入天安门还有一道端门,右面是太庙和社稷坛。这一带的宫殿远远不如紫禁城多。从下面要介绍的午门开始,若站上北京饭店屋顶的庭园向这里眺望,便可清楚地看清其大体状况。

午　门

要想从正面进入北京紫禁城内的太和殿、中和殿、

图6 午 门
(《支那北京城建筑》,伊东忠太编,东京帝室博物馆1926年版)

保和殿等皇宫宫殿，就必须经过午门，从午门到太和殿中间还要经过太和门。皇宫的地面到处都铺着漂亮的大理石，中央大道更是以精美的大理石铺设而成，整齐干净。以太和门为中心，向东有东华门，西面有西华门，都是紫禁城里有名的城门。若是要去"文华""武英"这两座宫殿必须要经过这两个门。对于这两个门我们尤为怀念。

武英殿

武英殿门口挂着一个木牌，上面写着"北京古物陈列所"，里面已经完全变成了中国皇室博物馆。如果从太和门内正中央的太和殿说起，同左面宫殿相对称，右面也有一座宫殿，叫作文华殿。武英殿和文华殿可谓是中国艺术品之宝库，里面藏有书画等古代精美美术作品。文华殿里尽都是一些古代书法作品。虽没有大英博物馆收藏的顾恺之的《女史箴图》那样名贵的作品，但唐寅、王叔明、董邦达、沈周、龚半千、仇英、沈南苹、郎世宁等这些大家的名贵古书画精品几乎都收藏于此了。

武英殿从其外观来看,无异于这里的其他宫殿,然而走进一看却让人震惊不已。这里的国宝有一些是将奉天、热河的东西搬至于此,有些东西还进行了巧妙的改造,让人目不暇接,充满艺术气息。古代美术品中的名品种类几乎都已齐全。古代玉器、宝石、雕刻、漆器、七宝、陶瓷器、堆朱、刺绣、绸缎、衣裳等应有尽有。唯有古铜器类是在另外一间宫殿里陈列着。各式各样的钟鼎彝器一应俱全。有一些看起来的确是非常怪异,也有不少精美的上乘古铜器。武英殿里独家珍藏的国宝有时会陈列出来,但大部分还是静静地躺在里面的西式仓库中,而且武英殿后方至今还保留着乾隆帝香妃所用的浴池。传说此香妃来自西域,生来身上便散发出奇香,颇受乾隆帝喜爱。至今仍有香妃沐浴所用浴池之旧迹,这也是到武英殿参观的必游景点。为了游览武英殿,我们把车停在了西华门外。

这里的门票是一美元,宫殿入口处还要再交一美元方可进入。门口还有卖照片和绘画作品的,但都很简单。武英殿中是禁止拍照和写生的。殿内有外军看守,戒备森严,甚至有些宝物连用手触碰都是被禁止的。在中国参观要求如此之多的恐怕也只有这里了。

文华殿里几乎都是绘画作品。意大利人郎世宁所作的《黑狗图》《战马图》、香妃画像等名品众多，引无数游客前来观赏。到这里从东华门进入是最近路线。一天有四五个小时的话，便可大致游览一番文华、武英这两座宫殿，但是非常累。夏季时这里还算凉爽，感觉不错，但到了冬天天寒地冻，令人难以忍受，就像是体温被吸到了地球中心一样，所以秋天是来此游玩最好的季节了。文华殿并不是长期对外开放，所以有时到了北京也不一定能够进去观赏。从北京到日本来的金绍城先生由于有特殊关系可以临摹文华殿内的作品。日本书法家若是到北京来的话，我建议一定要到文华殿里参观一下。

太和殿、中和殿、保和殿

进入紫禁城首先感觉到的就是无处不在的天朝大国气息。特别是进入太和殿后，更是被这大国的魅力所征服，太和门到太和殿之间中庭广场之大让人眼花缭乱。若是从文华殿走到武英殿必须要经过太和殿的前庭。石墙均以大理石砌成,规模雄伟,就像是以前在照片上看到的那样,人到了这里显得十分渺小。在照片上看到的中央双旗是中华民国的五色国旗。如今张作霖在满洲宣布独立,此五色旗是五族合体的象征,其中自然也包括满洲在内。五色即红、黄、青、白、黑。红色指汉族,黄色指满族,青色指蒙古族,白色是新疆维吾尔族,黑色是藏族。说起中国到底是怎么样的一个国家,以这五个民族象征的五色旗来介绍应该就可以了。在照片上看到的北京宫殿并不能完全感受到其真实的情况,特别是太和、中和、保和这三座宫殿,即使以金殿玉楼、美轮美奂等词汇来形容这中国一流的大型建筑物,若不亲眼看到,还是不能体会到真实的感觉。游客们在如此雄壮的景观前若想成为画中人,就必须站在宫殿槛下举头仰望。从北京饭店屋顶庭园望去,蔚蓝色的天空映衬下层层黄瓦十分耀眼。大理石石阶之美,如果不往细节去看,难以分辨真假。关于这附近宫殿的名称,还有另外的说法:建极殿指保和殿,礼元殿指中和殿,承运殿指太和殿。承运门是太和门的别称,同样广为人知,参考附言。

蒙古风平静的北京

无论任何季节参观中国宫殿都还不错,但七月左右尤为适宜,五六月份长城以北吹来的北京特有的"蒙古风"十分强劲,给游客也造成不小困扰。此蒙古风就像南京虫(臭虫)一样,是中国的"特产",对于我们来说虽并未习以为常,但已经能够适应了,对于那些刚到中国的游客来说,却是难以承受的。此风是由蒙古戈壁沙漠地带的低气压产生的,风中夹杂的沙漠黄沙如旋风般越过长城南下而来。此时的长城像是一扇屏风一样迎接着狂风的到来,经受着狂风的洗礼。正是靠这两千年前开始建造的长城顽强地抵御寒风,才使北京城免受风害。我们在京期间若是遇上此风,便会想到万里长城,同时也让人想到北方荒凉苍茫的风景。狂风肆虐后晴空万里,此时的长城成了中国北部郊外风光浓墨重彩的一笔。普通的日本人虽很少知道北京城内的宫殿是如何庄严,但万里长城的雄伟却广为人知。甚至是三岁的小孩子也略知一二。因此能够亲眼看到这闻名于世界的景观真是荣幸,同时也震惊于中华民族建筑文明之伟大。基于此种想法,我想把紫禁城各个建筑之精美、整体规模之雄伟介绍给读者朋友们。

紫禁城鸟瞰图

游览紫禁城首先映入眼帘的就是其色彩之美。在之前看过的照片上看不出什么,但来到这里,看到金黄色的屋顶瓦片、红色的城墙以及白色大理石铺成的石阶和栏杆,其色彩之艳丽像是展开的画卷一般,规模如此之大又令人心旷神怡。城内建筑物整体呈左右对称,井然有序,有一种难以言喻的美感。到了夏季,绿树郁郁葱葱,苍翠茂盛,展现出大自然的恩泽,让人心情舒畅。我们手中的鸟瞰图只有从中华门到太和门内的太和殿保和殿附近,连整个紫禁城的一半都不到。紫禁城内景山寿皇殿附近,有无数宫殿楼阁,这幅图中所展示的连一半都不到,但是可以由此看出其整体格局,主要宫殿和重要位置的城门都能够看到,其他附属的小型建筑以及不太重要的城门并未显示太多。此鸟瞰图中央正面的一个城门建筑就展现了瓦房建筑之雄伟。

太和门和大理石狮子

太和门是整个紫禁城内最雄伟的宫门,在远处遥望之时本打算同前庭一起介绍,现在想介绍一下我们走近宫门时的一些情况。从照片上看并未拍摄清楚,其屋顶的鬼瓦和鸱尾的精美自不必说,中央正面"太和门"三个大字的匾额被高高挂起。正面的圆楹,十柱都是五颜六色。特别是前面白色大理石石阶十分大气,各石阶都加以勾栏装饰,堂上也是如此以勾栏所环绕。我们在北京的建筑中看到南方天坛寰丘的白色大理石,太和门完全不输于自己的想象,特别是石阶左右相对而立的石狮子以及惜字塔雕刻之美,有一种说不出的庄严之感。比起交民巷日本公使馆前的石狮子,这里的更有艺术感。

进入太和门,便是太和殿、中和殿、保和殿。目前由于黎元洪要到北京就任大总统,便将太和殿当作参议院,保和殿当作众议院。清朝时,太和殿本是天子主持元旦、万寿节宴会以及群臣聚集大朝会等聚会的场所。中和殿是祭祀和群臣上奏觐见之用。保和殿是每年除夕之时宴请外藩使臣的场所。

——后藤朝太郎:《支那趣话》,大阪屋号书店1927年12月版,第252—262页。

印象（二）

天空蔚蓝，王宫屋脊瓦砾金光灿灿

北京内城的正南门为正阳门，其左右有两个停车场，其中一个停靠由奉天发来的火车，另一个停靠由汉口驶来的火车。我们的车沿着城墙慢慢行驶，终于来到了正门的停车场。下了汽车之后，我们一行人换乘小轿车，在中华大街上由南向北行驶。正阳门这个雄伟的建筑，无论看多少次，都能让人感到震惊和敬畏。明成祖将都城由南京迁到北京后，或许是为了彰显帝国的威严，着手营建了这个壮丽雄伟的正阳门。但是，正阳门经历了两次战火后，已不再是原来的模样，如今眼前的正阳门是十几年前重新建造的。即便如此，通过数十米高石墙上的城楼门的红蓝金色调搭配，就足以窥见明朝全盛时期的繁荣富贵。并且，其搭配十分协调，无论从哪个角度看都美轮美奂。这一建造，体现了当时支那人文化生活的最高水准。

第一次来北京旅行的人,肯定很希望能够站在正阳门城楼上,将自此向北的全市风景尽收眼底。沿着正阳门正下方的中华大街向北走到尽头就可以看到宫殿了。此宫殿由许多门环绕包围,穿过正门的平安门便是宫殿的庭院。庭院的后面是端门,紧接着便是午门,进了午门就是紫禁城了。紫禁城的地面都是由石板铺成的,中间有一处稍微隆起的高地,那便是太和门,进了太和门就能看到太和殿、乾清宫。这个太和门前的石灯、石板路、石桥、石栏宏伟大气,绝对不输于欧洲任何一个国家的王宫。无论是凡尔赛宫,还是克里姆林宫,都无法与这个镶石嵌玉庭院相媲美。和五年前一样,从西华门进来,观赏过武英殿的宝石,穿过了庭院的葱葱林木,来到了太和门前的庭院。穿过一道门后,展现在眼前的是一片开阔的庭院,我想不管是谁,在踏进庭院的那一刻都会不由自主地惊叹吧。耸立在庭院四周的宫殿和门楼,都是以红色和青色为底色,以金色的图案作为装饰,瓦的颜色也都是象征着帝王尊贵身份的金色。庭院四周不仅装饰着大理石桥和柱子,就连地面都是用巨大的白色岩石铺设而成。可以遥想到在明朝的鼎盛时期,身着绫罗绸缎的美女和伶人一步步踏上这石阶的情景。还有值得一提的便是天空的颜色！除了尘土飞扬、灰蒙蒙的日子，北京的天空还是干净清澈，像是被染上去的一般，呈现出碧玉一样的湛蓝色。在这样蔚蓝的天空下，红色的楼门、金色的瓦、白色的大理石更加耀眼夺目。我时常想，能有如此宏大构想的明朝人，是多么了不起啊！

紫禁城的后面便是有名的景山，门楼、景山以及左边的一块区域就是所谓的三海地带。三海是由南海、中海和北海组成的，一池湖水湛蓝澄澈，倒映着碧空和白云，波光粼粼美不胜收。三个湖中都有小岛，其中南海的小岛上还保留着当年囚禁光绪帝的那座宫殿。中海的小岛上的宫殿曾经是太后居住的宫殿，现在已经变成了大总统府。

游览这些宫殿的同时，北京市内的民居也就一览无遗，尽收眼底了。从正阳门上俯瞰北京的民居，黄瓦、青瓦、灰瓦参差相连，一直延伸到远处的青山，与山脉融为了一体。当看过了雄伟的都市和宏大的皇城后，再次踏上北京这片土地后，自然而然会去体味在这片土地上繁衍生息的几百万北京人的生活与感情吧。就像是北京城值得一看一般,支那人的生活中也有我们日本人无法企及的广度和深度。

——鹤见祐辅:《偶像破坏时期的支那》,铁道时报局1923年版,第96—100页。

游览北京城

我到北京以后，就开始忙着北京医院创立十五周年纪念祝贺大会（预定十四号开始到十六号结束）的准备工作。而且，即使在祝贺大会期间，除了开始当天十四号之外，其他几天都像平常一样，看诊时连休息的时间都没有。由此也可见北京医院的忙碌状态。虽然如此，我也想在大会结束时或者准备商量一些事务的时候，稍微去游览一下北京。但是因为当局不允许长时间在北京滞留，而且正好天津居留民团委托我做"卫生活动"的摄影工作，就决定十九号离开北京。在北京的这八天当中，每天处理一些很普通的日常事务，没有能静下心来好好观光浏览一下。但是初到北京时的走访问候、车站的送迎、回旅馆时的往返，还有奔走于祝贺会、演讲会、中山公园的卫生展览会的途中，会不经意间浏览到很多自然景色，而且其间办完事以后，在归途中也会顺便去参观几处。除此之外，在得到一些小闲暇的时候，也会定下目标驱车去拜访几处名胜。虽然看到的极少而且都是片段性的，我也想尝试聊一下我所看到的北京以及我的感受。

一　北京城

我依稀记得，少年时代从教科书上学中国史的时候，教科书上记载："北京又称顺天府"。现在亲身来到当地，唤起了我很多幼时的记忆，感觉很高兴。作为北京纪行的前文，在这里我想先大体介绍一下北京城，然后按照参观的顺序，依次阐述我的感想。

二　北京的名称

一直到最近为止，人们都称此地为"北平"，这个称呼还是源于去年六月份，张作霖大元帅被南方军讨伐，落败后逃回沈阳，蒋介石一统南北，将首都迁到了南京后，将此地的名称从"北京"改为"北平"的。这在当时还是相当让人耳目一新的。但是,根据调查,这并不是此地第一次被称作"北平",远在明朝洪武初年,人们就把此地称为"北平府"。而后,永乐年间在此定都后,又称其为"顺天府",随之在此地建造了京城,改称其为"北京"。"北京"这个称呼从清朝初年一直被沿用到事变为止。事变后,便再次将其改称为"北平"了。追溯中国远古历史,这样的先例并不少见。从唐尧的时代开始,此地在每次王权更迭的时候都会周而复始地变换着被称为:幽都、幽州、燕国燕京、燕山府等,所以现在的"北平"并不是一个特例,像这样地名变更的例子有很多,我们的东京也是从原来的"江户"改名而来的,但是像它一样换过如此多称呼的地方却并不多见。

三 北平内城

北京城的轮廓,大体就像上页的缩略图显示的那样。现在的北京城是明朝永乐十五年开始到永乐十八年,历时四年建造的。分为内城和外城,都筑有坚固的城墙,观之,会不由得为它的雄伟壮丽而惊叹。自知用仅仅几天的时间,是不足以能够遍至城内的各个角落的。所以我选择登上北京城中央的一处高地即北海的白塔(后边有详细的介绍),借助双目望远镜遥望。北京城的内城城壁的四个角落都建有一个瞭望台,根据史料记载,南北两面的城墙都长两千二百三十丈,东面的城墙长一千七百八十丈,西面为一千五百六十丈,而且在这面城墙上开了一万一千零三十八个枪眼、两千一百零八个炮眼,用来防御敌人的进攻。城墙接近地面一方的厚度大概是六丈二尺,上方的厚度是五丈,高为三丈五尺五寸。这些只是记载的数据,实际上来看,城墙的规模比想象中要大得多。城墙的外围环绕着护城河(濠渠),如今河内枝叶繁茂的莲花给它增添了别样的景致。不过我觉得用现在的飞行武器来对付这城墙的话,它素来的价值应该就不存在了,不过在过去,它可真称得上是金墙铁壁。但是就连这样的金墙铁壁,在同外国交往以及时代的变迁中,也没能保住清朝的永久太平梦,在清朝光绪二十六年(明治三十三年),美国和德国在"颐和园之变"之时,分别在城内的正阳门、崇文门两个地方建造了炮壕,故宫就夹在了两座炮壕之间。德国炮壕的

图7 同仁会北京医院
　　（原文插图）

图 8　东四牌楼
(《北京の展望》,坂口得一郎编,大正写真工艺所 1939 年版)

遗迹，在前几年的第二次世界大战时中国战胜德国后，已经被中国改造成了"战胜纪念塔"，这让人感觉很有意思。

北京城以故宫为中心，东边有东单牌楼（同仁会北京医院就在这里）、东四牌楼，西边是西单牌楼、西四牌楼大街。北边是安定门大街和东直门大街等几条特别繁华的街道。红墙黄瓦、大殿高楼林立的皇宫就巍峨矗立在这几条大街的包围之中。北京的皇宫无论是从结构上来讲还是从形状上来讲，都和日本的宫城不同，但是其所处位置和日本宫殿相似，都是坐落于市街中央，河渠环绕的一角。

四　北京外城

北京的外城比内城大约晚建一百三十年，是明朝嘉靖三十二年（我国文明二十二年）建筑的。当时的计划是建造一个能环绕内城的大工事，但是由于国费不足，只建造了南面一带，但是建筑都是中国一流的。其规模是南面长约两千四百四十丈，东面是一千八百五十丈，西面一千九百一十丈，高二十二丈，城墙接近地面一方

图9 京奉铁路正阳门东停车场
(原文插图)

的厚度为二丈,上方的厚度为一丈四尺。过去内城是以皇宫为中心的,并设有王府官厅,不设商业区。外城与之相反,它专门为从各地而来的商民开放,可以称之为北京的商业区。现在的前门大街、崇文门大街、顺治门大街就是当时有名的街道。

从内城南部到外城中央云集着有"北京的银座"之称的,聚集了大栅栏街的美装的大商店,京剧名角梅兰芳的大剧院,汇聚了中国一流名妓,夸耀南北的花柳巷,美术馆、古董店,茶馆饭馆等等。

北京东停车场(北京东车站京沈铁路的起点)和北京西停车场(京汉铁路的起点)都在正阳门前外城的北端,如今,城墙的一部分已经被废除,北京城内外道路四通八达,交通很便利,一观之下,北京已经没有多少内城和外城的界限分别,俨然是一座极尽繁华的不夜城了。

——森悦五郎:《观支那》,同仁会昭和六年版,第24—49页。

北京印象记

或许因为现在是最好的旅游季吧,经京城①、奉天、新京②等地来到北京,便发现在许多旅店都能见到欧美人的面孔。这些人当中,有双腿绷直走路姿势非常难看的中年绅士,也有将手搭在别人肩膀上摇摇晃晃走路的老年人。连那样的人都可以享长路漫漫而游,我便有所思,我们大可不必畏惧他乡之旅,闲步于洗足池畔、目蒲沿线而荒废余生。

这些游客当中有一位女性游客,和我同时投宿在北京饭店,她叫凯思琳·诺里斯,是一名美国的小说家。这位女作家无疑是美国文坛上最能赚钱的作家,除小说和杂文外,再加上她作为业余演员、演说家的收入,其年收入高达三十万美元。因为北京发行的英文报纸报道

---

① 原注:韩国汉城。
② 原注:中国长春。

过这些内容,所以我便将其和日本的文学作家进行比较,二者形成了鲜明的对比。与擅长赚钱的美国女作家不同,日本作家表现出更多的是对文学的"专一"精神。当年五十五岁的日本老作家在回答记者的提问时,曾这样回答道:"为了写中国题材的小说,我必须至少花费五年的时间去那里居住,并观察当地人的真实生活。"就连这样多产的通俗文学作家也拥有如此的艺术之心,我的钦佩之情油然而生。

我们乘坐火车和轮船刚刚抵达北京,如果这时问我们对于北京这个地方的感受的话,我们回答不上什么实质性的内容,同样这位名叫诺里斯的女作家在刚到达北京之后,也被新闻记者问到了诸如"对于北京的感受"之类的固定式问题。对此,女作家的回答是:"我本身非常喜欢北京,这里很安详平和,而且这里的空气中弥漫着和我的家乡圣佛朗西斯科一样的味道,在这里可以尽情地呼吸。"可以说这句话很巧妙地评价了北京秋天的空气。有人说东京的氛围和生活让人感到很压抑,北京尽管和东京的情况相反,但这些感受仅仅都是这位女作家以及我们这些游客的浅薄之见,也许北京现在正被压抑的氛围所萦绕。当看到中文报纸、英文报纸以及当地发行的两类小型日文报纸时,我们也能察觉到当前动荡的形势,同时从当地的日本友人那里我们也深入了解到了当前的国际关系和社会状态,这对于对未来世态仍持乐观态度的我们来说,也是大受启发。但是,请不要为这种复杂的事情而烦扰心神,眺望四周,就会发现古都北京的生活仍旧很悠闲自在。因此我们也就非常理解那些说"我想住在中国,特别是想住在北京"的欧美人的心情。

我住的房间正好面朝北京饭店这条街,到达北京的第二天早晨,我早早地醒来,耳边传来了阵阵铃铛声。我从窗口向外望去,看到旅店的前院耸立着一棵棵参天大树,在大树的边缘,整齐地排列着一辆辆人力车,不时也会有马车经过。我听说"骆驼队会沿着城墙缓缓地走过,让人倍感兴奋",这曾是北京最具特色的景象之一,今日一见,诚然如此有趣。

虽然耳边会不时传来汽车、电车的声音,但那些声音还不至于成为破坏古都雅致情趣的噪音。不论是车夫,还是旅馆的服务生,大家都是一副悠然自得的样子。

大概是因为北京的街市是随着时代的变迁在逐渐发生变化,而并不是像东京和上海那样迅速地过渡到现代化生活的缘故,所以那些厌倦了本国景致的欧美人对充满着东方古韵的北京产生了某种特殊的眷恋。

朝鲜的天空、满洲的天空都很美丽,但北京秋天的天空之所以更加绚丽夺目,是因为这里是森林之都,在这里到处都是美轮美奂的黄瓦红柱的建筑,天地之间交相辉映,宛若一幅美妙的画卷。由于所处年代的关系,我从小就开始接触中国的古诗和汉文,并且掌握了很多有关中国的知识,但对于北京我还是知之甚少,所以来之前就打算好了,要是到了北京,一定要到万寿山和万里长城去看看,而且我们单纯地认为万寿山就是西太后借海军扩张的幌子斥巨资建造而成的,万里长城则全部都是由秦始皇修筑完成。也不知是从谁那里会经常听到关于万寿山的赞美之声,大概万寿山就是收录在《文章轨范》①里的《阿房宫赋》中所描绘的那种雄伟壮丽的建筑吧。因此,到达北京后,我便迫不及待地乘坐观光

---

① 原注:南宋谢枋得编著的古文选评集,共七卷。收录以唐宋时期古文名家为主的十五家六十九篇文章,作为科举作文的范文。

图 10　万寿山
(《北京の展望》,坂口得一郎编,大正写真工艺所 1939 年版)

汽车前往我北京游的首个景点——万寿山，但结果却令人大失所望，只是匆匆一瞥便兴趣全无，这简直就是个荒唐的建筑物，不过就是一个庞然大物而已。而且万寿山只涂有青色和红色，只一眼就给人以不快之感，这与承载着辉煌灿烂文化的古罗马废墟大相径庭。万寿山的建筑都是西太后盛时建造的供人玩赏的奢美艺术品，它们和其他宫殿里的建筑一样也都遭到了侵略者的掠夺和破坏，昔日雄伟壮观的建筑物最终也沦为了一个大空壳，如果真是那样也就罢了，那些遗迹中也应该会有一些残存的古韵吧，可我却只是觉得这不过就是浪费了巨额金钱所堆砌出来的一些东西而已。

因此，我仅在游玩了万寿山之后，就清楚了自己并不喜欢中国的异国情趣和中国思想，但之后在朋友的劝说下，我又游历了万寿山后面的群山，在那里我知道了古都北京的景色并不是那么平庸。虽然总会有人说一些挖苦游客的话：不管去哪个名胜古迹，在那些不为人知的深处，总会有一些更好玩的地方，如果你没有去过那里，就不能说你真的去过那。但实际上游览北京西郊的时候,如果你只是去了万寿山,那就好像你在日光①仅仅参观了东照宫,根本无法体会到日光这个地方真正的韵味一样,你同样也无法体会到北京西郊景色的绝妙之处。虽然日光之旅是个苦差事,但如果你连中禅寺、汤本、男体山②都没有登上的话,就更无法欣赏到其深处别有洞天的景致了。

万寿山只不过是西山的一角,太行山脉的一支余脉罢了。登上万寿山后方的玉泉山俯瞰全景,万寿山就像是堆砌而成的一堆假山。玉泉山上清冽罕见的泉水自池边石隙喷涌而出,过往的游人一定不要错过这醇厚甘甜的清泉水。玉泉水还因其清冽甘美的水质,得到了乾隆御笔亲题的"天下第一泉"的石碑。玉泉山也是历代王朝留下的遗迹,位于其山顶的王峰塔等建筑都是由坚固的石头所建造,周围几乎看不到树,而日本的塔则都是由木头建造完成,周围点缀着苍翠欲滴的绿叶,二者

---

① 原注:日光,日本本州关东地方北部国际游览城,位于日本栃木县西北部。
② 原注:日光市著名旅游观光胜地。其中中禅寺是位于日光市中禅寺湖畔的天台宗的寺院,男体山是位于栃木县西北部的日光火山群的一峰,汤本温泉则位于男体山脚下。

相比之下,折射出中日两国的差异。日本人追求质朴而又小巧精致的东西,所以对于登高眺望和那些高低起伏的宝塔,并没有什么兴趣。在卧佛寺内栽有两棵从印度带来的古娑罗树,树木古老苍劲、葱郁挺拔,相比之下,东京芝公园增上寺庙旁栽种的小树就变得黯然失色。卧佛寺里安置着一尊铜佛像,长约二丈有余,堪称惊世之作,但从日本人欣赏艺术的眼光来看,这尊佛像再寻常不过。说到日本的佛像,就会让我想到奈良附近的寺庙里那些陈旧不堪、荒废破败的佛像,我们对此已经习以为常,但是在中国却将这些佛像涂成了金黄色。过去在锡兰岛寺庙里见过的佛像,都是涂成或黄或红或白,每当颜色褪去就重新涂一遍。对于我这种不追求古玩字画的人来说,这些是无关紧要的,但是对于那些尊重历史、追求雅致的人来说,卧佛寺里安置的金黄色佛像只能被认为是一种低级趣味的体现。但是这与日本不一样,也许在中国这片广袤无垠的平原上,色彩鲜艳的东西更能融入这片风景吧。

碧云寺因曾安放过民国时期杰出的革命领袖——孙文的遗骨而闻名于世。我们经过了碧云寺,最终抵达了香山。这里就是北京最美的地方了吧,想到这里,我有了一丝的感动。

今年夏天我站在桦太附近的幌见峠①,俯视周围杂草丛生、深不见底的原始森林,眺望远方俄罗斯境内的群山时,我的思绪不禁飞驰到人类祖先与残酷的自然和猛兽做斗争的历史长河中,我站在香山顶上发出了无限的感慨,无不感叹人类为了在这广袤无垠的平原上创造出一座秩序井然的大都市而付出的巨大努力。总之,北京这座古都也就是古代帝王的居住地,只不过是为了向世人显示帝王的尊严、夸耀帝王的奢华生活而建造的,而今这些没落的遗迹就成了游客们今天参观的古迹。人们同时从中也可以欣赏到历代能人志士的聪明才智。据札幌大学研究阿伊努族的学者说,阿伊努族自古以来就崇尚英雄主义,他们好像是将记在脑海里的十二、三代前的英雄故事口口流传下去,以此来表达对英雄的敬意,而且他们所谓的英雄多是猎杀熊的勇士。因为阿伊努人生活中最大的强敌就是熊,所以那些拥有猎杀熊能

---

① 译者注:日本地名,位于北海道札幌市。

力的男人,理所当然就成了最应该被尊重的英雄。弱者追随强者、取悦强者才能生活下去,这是人类生存的根本法则,也是中国古典道德教给人的道理。也许直到现在那些能够猎杀熊的豪杰仍旧是一副威风凛凛的模样。

与我们一起周游西山的年轻人是一名研究中国古汉字的学者,在游玩途中,他向我讲起了近年发现的甲骨文。虽然是古代的事情,但我对此却满怀新意,颇有兴趣。甲骨文是一种契刻在龟甲、兽骨、石器、陶器上的文字,发现于三千多年前的殷商废墟,人们通过研究这些文字,便可以知晓那些所载文字的含义,并能在很大程度上还原历史真相。不过这好像和孔子等圣人所想所述的内容大相径庭。殷商时代的现实生活也并非是孔子等人所憧憬的那样。历代的汉学家和儒家学者都将与事实相违背的经典学说当作是金科玉律,并将它教于愚昧的世人,这固然是非常可笑的,但这种谎言也不失为一种权宜之计,如果通过谎言能够营造一个安定有序的社会生活的话,那么可以说这也给谎言提供了一个名正言顺的说辞。

我在北京遇到的一位新闻记者曾发出这样的感慨：历史的真相没有大白于天下，反倒是一些扭曲事实的谣言在被大肆地报道，如果谎言变为一种力量使世界都随其而改变的话，那么我们必须要去重新审视一下历史。每个朝代的历史都由强者按照自己的意愿编纂而成，这大概是人类为了团结一致维持安定的秩序和生存下去所必须要做的事吧。如果人类揭穿了这个谎言，并不停地去追求所谓的真相的话，人类也许早就没有活路了。

总之，香山是一座值得游玩的山。我们是骑着骡子登上的山顶，这里有着北京郊外所没有的幽静深邃。在这里，古木枝繁叶茂，中间夹杂着一些泛黄的杂木，还到处可见惹人喜爱的红色爬山虎，目之所及，一派生机盎然的景象。这里有古庙旧址、有寺院、有池塘，特别是从北京的大街小巷再到广袤无垠的平原，一切美景都尽收眼底，让人倍感畅快。就连万寿山和玉泉山也如同踩在脚下的假山一般。

这里的景象并没有太多的修饰，它只是一片宽广辽阔、不着边际的平原，这并不是俳句里所描述的内容，而是适合在汉诗中吟诵的一种风景。在北京到处都能发现乾隆帝残留下来的字迹和古建筑,因而游客可以跟随这些遗迹来了解乾隆文化,但与其说乾隆文化与罗马和佛罗伦萨一样,是一种带有高贵意义的文化,倒不如说是一个物资丰富的国家所创造出来的一种文化。据说中国的劳动人民钟爱粗茶淡饭,靠着甚微的生活费就能生存下去,但哪怕是像我这样不了解中国的人,仅从香山半山腰向下观望,也能感受到中国的物资异常丰富。我认为崇尚节俭主义的日本文学是物资贫乏国家所有的一种文学形式,而奇异荒诞的中国古典文学则是物资丰富国家所有的一种文学形式。

一个美国人曾写过一本关于中国的漫游记,书中写到中国菜兼具以丰富奢华而著称的法国菜和以朴实无华而著称的德国菜的特点,是世界第一的料理。我也曾多次享用过北京一流的美食,其种类数量之丰富令人惊叹,但是对于像我这样肠胃消化不良的人来说,仅仅是用眼看就已经让我吃不消了。每当我受款待之时,就深有体会,设宴应要根据人的消化能力,如果摆放过多食物产生浪费的话,那就太可惜了。定居在北京多年的日本友人告诉我说,他自己也深有体会,所以他也会经常提醒他的中国朋友注意这一点。那位中国朋友也是同样的想法,但因是多年的习惯,想要改正并非易事,而且在中国,如果菜品少的话,就是对客人招待不周。

我认为这是一件很荒唐的事情,因为我国物资贫乏,国人自古就懂得勤俭节约的道理。然而在中国,由于从古至今物资都非常丰富的缘故,所以中国人并不介意对于食物的浪费。几年前,我前往美国游玩时,发现美国人的浪费更令人触目惊心,不仅体现在对食物的浪费上,也体现在生活中的方方面面。这让我觉得日本修身课本①中提倡的节约主义实在是太可怜了,但如果真要是物资过于充裕的话,那么挥金如土也就没什么大不了了。在美国的宾馆,只要你用过浴室的肥皂,哪怕只是一次,宾馆也会立刻为你换上一块新的肥皂。在法国,暂且不说高级宾馆,在普通的宾馆中,顾客必须自己购买肥皂。而在北京饭店,由于是僧人经营,所以浴室

---

① 原注:第二次世界大战前日本中小学校等根据教育敕语开设的课程,目的在于对国民道德进行实践指导。

也不备有肥皂,卫生纸给的也是十分可怜。中国同美国一样也是一个物资丰富的大国,而且同雄伟壮观的自然风光一样,中国人也是一副从容、大气的模样,但是为何一个泱泱大国竟会沦为一个落后挨打的国家,究其原因,研究中国的外国专家们对此已经有无数论断,所以我们就没有必要再去深究了。

说起物资丰富,你只要去参观一下故宫博物院,就会惊异地发现这里陈列着翡翠、珊瑚、曲玉等各种精美绝伦的宝物和饰品,让人目不暇接,仿佛置身于一座宝库之中。对于那些宝物的价值我们无法估量,但是如果那些宝物经过侵略、拍卖之后仍有如此之多的话,可想而知昔日的皇帝过着一种怎样奢华的生活。在德川时代,人们极其珍惜《日暮砚》①里所述的节俭之极的生活,这让我不禁又回味了一下那"寒酸的奢侈"。有一条狭窄的街叫作兰芳古玩商业街,它至今仍保持着昔日的古韵,但即使我走在这样狭窄的街上,也能感受到在这座古老大国的地下,现在仍然埋藏着很多价值连城的奇珍

---

① 译者注:该书讲述了信州松代藩家老(江户时代各藩中辅佐藩主统管政务的重臣)恩田杢的藩政改革。

异宝。因此这里不仅吸引着日本女性,还吸引着世界各文明古国的女性,只要她们来到这个古玩街,就会对那些宝物垂涎三尺,萌发出对这个文明古国的强烈占有欲。

这个夏天,我曾前往北海道和桦太游玩,在那里,周围没有名胜古迹和珍藏宝物的陈列馆,所以整个行程让人感觉很放松。但去北京的话,其观光景点同罗马和京都一样不胜枚举,整个旅行会让人疲倦不堪。我不论去哪里,都乐于享受不被导游烦扰,独自一人信步于街市的感觉。我去加利福尼亚时,曾受到当地日本友人的热烈欢迎,并且托友人的福,我完全不用耗费心神,只需放心地跟着大家各处游玩,这大大丰富了我的见闻。但如今回首过去,眼前闪现的只有友人的音容笑貌,耳边回荡的只有友人的纤纤话语,反倒是对加利福尼亚这个地方的印象微乎甚微。与此相反,我在漫游意大利之时,尽管语言不通,但我仅凭借着一本日本人并不反感的英文指南在艰辛地游玩,按理说会错过很多值得观赏的景点,但每当我回忆起意大利之时,眼前都会浮现出它原本的样子,让我甚是愉悦。

中国之行是危险的,这样错误的观念已经深入我的脑海,再加上有人提醒我要小心当前北京的动荡局势,所以我便接受了友人饱含深意的介绍信。到达北京后我便带着它拜访了设立在旅馆附近公使馆街上的日本公使馆。从学校毕业后的求职生涯开始直到现在,我一次也没有用过介绍信。尤其是我天生还对政府机关和官吏没有什么好感。我出生于明治①十年,从小接受的教育就是官吏像老虎一样可怕。有一次,一个不把县令放在眼里的郡长来我家,我就安静地躲在角落里不出声,说白了就是偷偷地窥视着这个位高权重的人。这种偷偷摸摸的行为恐怕也是受中国思想的影响吧。拥有丰富物资的中国民众之所以还被生活所困扰,都是因为官吏横征暴敛的行为所致,所以不论在中国还是在日本,我建议大家最好不要接近官僚阶级的人士。我们恭恭敬敬地走进公使馆内的接待室,并递上介绍信,至此我们才终于松了一口气,就像完成了一项任务一样。我们仅匆匆一瞥,就能直观地感受到北京是一座很安静的

---

① 译者注:日本年号,1868年9月至1912年7月。

城市,现在我们再也不需要他人的引导了。

北京饭店的简易旅游指南就是我们唯一的依靠,我们带着它坐上人力车,开始了两三天的惬意旅行。在北京,懂日语的人力车夫好像相当罕见,但每个车夫却多多少少都会点英语,同样我们也略懂英语,因此我们一边同车夫进行答非所问的对话,一边悠然地游览四周,让人其乐无穷。因为最后的车费非常便宜,所以即使被敲竹杠也没什么大不了。在朝鲜和神户,我们曾遇到一些喜欢骗人、阴险狡诈的司机,但在北京停留期间我们却一次也没有碰到过。宾馆的服务生们亲切友好、服务周到,其英语水平远超过我们。我在四周随意参观片刻后,便走进了充满雅致气息的宾馆大厅,并在大厅的一角坐了下来,一边吸着在日本半价买到的西洋香烟,一边悠然地眺望周围的风景,享受着那往日的乐趣。这家宾馆有一位主管是日本人,他总是处处为我们谋求方便,但住在这里的日本人好像非常少。每天晚上,舞会从十点左右开始,直到十二点多仍在继续,在这里,可以欣赏到中国青年男女曼妙的舞姿,我不由得发出感慨:中国真是个自由的国度!但随后我仔细询问才知道,原来中国对歌舞厅的整治取缔力度远比日本更严厉,市区内全面禁止歌舞厅,唯独住着外国人的这家宾馆才有资格进行这项活动。旅途见闻中,我们经常会犯自以为懂但实际上没懂的错误。比如,元朝强盛时期,游历过中国的马可·波罗曾在他的游记中把日本吹嘘成一个黄金之国,对此我们也就没有必要再嘲笑了。

我仍继续着自以为是的北京游,把无法理解的异国情趣留在心里,然后就打算告别北京,但有两三位日本友人知道我来这里后,便特意前来拜访,并流露出要继续带我游玩之意。而且之前的介绍信发挥了作用,我受到了公使馆工作人员的热情招待。一直以来我的肠胃功能就很弱,再加上我最近缺乏对美食的欲望,所以尽管来到了中国,也并不认为我会想吃最负盛名的中国菜,宾馆里的法国菜就足够了,或是从菜市场买来各种各样的水果,在自己的房间惬意地吃水果,愉悦地享用丰盛的正餐。但托介绍信的福,我得以多次品尝到了北京最上等的美食,这也让我获得了日后炫耀的资本。可是,内心总是感觉莫名的不安。大概公使馆招待日本人是一种使命,如果对普通的游客都如此接待,如此照顾的话，想必很麻烦吧。我把唐吉诃德的行装当成是自己联想到的旧西装——这件衣服在日本一次也没有穿过，今天我久违地穿上它，一边与人力车夫用蹩脚的英语交谈，一边没有任何重点的悠闲地游览天坛和紫禁城。我获得出席一个并不合我身份的社交晚宴的机会，并且我开始计划要认真地游览一下北京。但是，如果那样的话，我会变得很忙碌，就像突然开始体验修学旅行一样，不眠不休地四处参观会让身体感到很疲惫。

我一直保持着古人的生活作息，喜欢早睡早起，但生活在这座古都的人们却好像习惯晚睡晚起。从其料理的丰富程度就能探察到中国人除了口腹之欲之外，还有很多其他的享乐之道，而其他国家的人并不十分了解那享乐的真相。不论是日本还是西方国家，其饭店的外观，从视觉上都给人以美的感受。与此不同，中国一流的饭店也会脏乱不堪。即使是上等房间也没有花费心思营造出一种享乐的意境，在我看来，这只不过就是一个单纯吃饭的场所罢了。可是，这符合中国人的国民性，也许他们并不喜欢传统宴会上艺妓为人酌酒，歌舞助兴的行为。中国的剧场更是脏乱不堪。等级最高的名角压轴出场，这是一种惯例，不等到十点以后，无法一睹其风采，但我们这些外国人对于舞台本身为什么会无视美丽的事物而感到不可思议。追求享乐的我们在这里没有感觉到丝毫的情趣。演员们在台上表演时，甚至公然擤鼻涕、吐口水，实在是恶心至极。旁边伴奏的人们一边在吹奏着无聊的曲子，一边在互相谈笑风生。感觉每个人都是一副丑恶的嘴脸。但是，人类的审美观本来就不尽相同，大概中国人独沉醉于那样的舞台和表演之中吧。在日本，有一条很长并带有传统风貌的花柳巷叫作吉原，仅在那里逛一圈，便给人阴郁沉闷的感觉。光看表面完全没有激发出人的享乐欲。同样中国也是深藏不露，表面看起来是空空如也，大概只有深入到那个境地，才能感受到其他国家想象不到的中国特有的享乐之道吧。对于那些只是打趣而无意消费的客人是来者不拒，去者勿追，这种从容不迫、落落大方的风情，我们这些游客也能深切地感受到。这就是中国之所以为大国的原因。即使外国人深夜独自漫步在这样的城镇，也没有任何的危险。

一个在中国定居的日本人曾这样说过：这里没有地

震,没有火灾,没有雷电,也没有敲诈和强卖,是个宜居的城市。比起东京,这里更加安全。某天,在中国生活了二十多年的友人带我去闹市游玩时,看到一个醉汉被警察逮捕的场景,便说道:我无数次往来这条街,今天还是第一次见到喝得如此酩酊大醉的人。

北京是个那么安静祥和的城市。游人可以惬意地在此停留。可是,这里总让我们陶醉于艺术之美,而无法接触到让我们心潮澎湃的事物。所以即使我来到这座城市,也同从前一样,对中国的异国情趣有着难以融合的隔阂。

——正宗白鸟:《随想记》,人文书院1938年版,第24—44页。

北京漫步记

六月十日这天就上海事件要召开国民大会。从北京饭店房间的窗子看过去，从早上开始就有成百上千的学生在街上举着三角形纸旗，上面写着他们自己的想法和标语。聚在街角的学生们向路上的每一位行人进行募捐，根据身份地位从一分两分到五元十元，甚至不问他们是否愿意。而我们也不想一直呆在宾馆里，但无奈每次想要外出都因为这些学生而被制止。就这样到了下午，两点开始在天安门的国民大会正式召开。其间天象突变，一声惊雷之后下起了倾盆大雨，二十万群众毫无防备，四下逃散。为此，国民大会最终推迟到本月二十五日召开。那一天全市市民上午放假，所以不仅学生参加了示威运动，还有很多工人队伍。政府当局觉得态势不安，后来制止了这个行动。有天晚上，我去了城外一个叫作庆乐园的戏园子，那里也有很多学生在说服来参观的人捐款。他们当场在一条长长的纸上写下捐款人的姓名以及捐款金额，还从二楼看台往楼下撒广告。这手段可真是巧妙，仅仅我们看见的这段时间里，他们就募集到了大概千元的捐款。有一次，我们去西山参观，孙文的遗体被安置在八大寺庙中的碧云寺里，在那里还交叉放置着广东的独立旗。另外，中法寺里有一所法国人经营的名为西山大学院的学校。那里的学生在门前摆了桌子，强行向来参拜的人索要捐款。还有一次去香山寺参观想坐轿子，看到当地有很多轿夫，我便唤他们过来，但他们却没一个人应声。我还百思不得其解，之后便得知他们不接待日本和英国客人。无独有偶，香山饭店也放出了告示板，上面写着不接待日英客人。我们在北京的这段时间内，针对上海事件而进行的学生运动呈现出白热化趋势，他们在北京那些雄伟的门楼和建筑物等各种地方贴满了写有"誓雪国耻""抵制英日货""打倒帝国主义""对英日经济绝交"等文字的条幅，十字路口处的墙壁上正儿八经地贴着描述南京街射杀现场的文字，这些描述夸大且颠倒事实，而这些都是为了唆使大家、使排外气氛盛行而进行的宣传。

因为这种形势仍在持续,英国人害怕会有什么危险,所以陆陆续续地回国了。留下来的人里面除了男人之外,都为了自身安全而寻找着避难所,场面非常混乱。我们虽然每天鼓起勇气,硬着头皮按照原定计划去参观,但内心总是觉得不安,每天坐车的时候都要把车窗的窗帘拉下来。然而一早就住在北京的人们看上去却都很镇静,还告诉我们计划要实施两三年,如果对此感到恐惧的话肯定坚持不下去。

北京有一条有名的街叫作琉璃厂。这条街绵延有一千多米,街上字画、古董、书籍、文具店鳞次栉比。听人说在那里能用五元左右买到价值百元的东西,我就去那里逛了逛,想着只看不买,结果就连这种商店里也毫无缘由地贴着写有"抵制英日货""对英日经济绝交"等内容的纸张。店家看我们日本人进店便不说价格,又或者有的店一开始说了价格,接下来都谈到要买的份上了,一听说我们是日本人后就不卖给我们了。也有的店很痛快地卖给了我们,但当时也会担心这种情况会不会引发骚动。

这里从皇纪一五九七年①开始被定为首都，在至今为止的大约一千年中经历过种种变迁。皇纪二〇六三年②，也就是距今五百二十多年前，再次被更名为北京。也就是在这个时期里，陆续建造了大量的建筑物以及其他设施，众所周知到了明代便达到了一个鼎盛期。总而言之，因为北京是近数百年间的政治中心地，可以说中国艺术的精华现在基本都集中在这个地方。在日本是看不到诸如紫禁城、北海、雍和宫、天坛、万寿山、昆明湖等具有如此规模的建筑的。其实把文华、武英两殿的古代美术作品加起来，也难以想象得到中国古代艺术之雄伟壮观。说到诞生于东洋的艺术品，还是建议大家至少到北京看一看。在文华、武英两殿中陈列的美术品是清朝全盛时代，即康熙、乾隆、雍正时期被珍藏在热河及奉天的离宫中的御用品，到了民国时期则被整理后陈列在此。特别是陶器和其他工艺美术品，其中有很多都可以算得上是天下绝无仅有的了，唐宋的古书画甚至都加上了乾隆帝的批注以及加盖玉玺，做工精湛的艺术品云集

---

① 译者注：即公元937年，皇纪为日本纪年。
② 译者注：即公元1403年。

一堂。我们曾在日本见过同一个笔迹，但当时心里甚至怀疑起这究竟是个什么东西。现在亲眼目睹后不由得心生赞叹，也大概能将其作者的心境看个明明白白。中国人泰然自若，悠然自得实在是有大国风范，在艺术品上也能窥见一二，多少带有些不拘小节之感。这使得美术品有着难以言说的高雅情趣，同时也给其增添了不少活力。但是也有例外，若是让那些习惯了所有细节都完美无瑕，并且不在意艺术品是否具有生命力的人来看的话，他们也可能觉得文华、武英的艺术品很无趣。由于藏品有数万件之多，摆放到陈列台上的文物总是要进行更换，其中也不时有文物招致过恶评。因为大家看法不同，我也无法做出什么保证。我想起我们小的时候在很长一段时间之内认识的、想象中的中国，认为那算得上是世界上最古老的国家，我看到如今的北京，让我有一种重拾懵懂之心的感觉。虽然我很遗憾当时处在骚乱之中，但当时北京的街道上也不仅仅只有示威游行的队伍。乘坐轿子的人着实优雅沉稳，当我正想着真不愧是京城人的地盘时，却仍还能看到骑着驴的行人，以及骆驼排着长长的队伍经过矗立着一脸庄严相的石灰石看门狮子狗的大门前,骆驼脖子上挂着的铃铛发出巨大声响,当啷当啷,给这种行进的光景增添了些许难以言说的悠长之感,这一场景使人恍若置身太古,而且让人产生了一种错觉,总觉得这里在几千年之后还会保持同样的光景。

——野村得庵:《漫船步苦马》,今井常三郎,1925年版,第58—64页。

旧京花木

火车驶入北京后停在了第一个车站——丰台站。旅客开始睁大好奇的眼睛,打量北方这座昔日的都城。这里曾是大金国首都——金中都,其南城门即为丰宜门。如今都城已废,旧址犹存。现在,留有"丰台"这一名称。

火车继续前进,缓缓驶离此站。倘若正逢花开时节,人们此时一定能看到,一些手捧着大束芍药,在站边叫卖的人。姹紫嫣红,惹人怜爱的花,让人不由得想拂去飞落在其上的点点尘埃。丰台的居民,特别是在过去,家家户户都以种植此花为业。山涧田埂,俯拾皆是,几乎看不到其他植物。皇室侯门,以此来做簪髻的需求也很大。这有时让人怀疑这是否是那句著名的"近来无奈牡丹何,数十千钱买一颗"的残风余韵。

清朝初年有个名为毛奇龄(号西河)的诗人,他的妾室田田，相传就是丰台的一位卖花翁的女儿。其女肌若冰雪，宛若姑射仙山上吸风饮露的美人。说起丰台的芍药，咸丰、同治时期的文人骚客王壬父（闿运），到此地游玩、参加酒宴时，在他的《湘绮楼诗注》里就如此写道："每岁花时，应以十金留花一日，亦可善存尽赏之。"民国以后，只留下少许车站卖花翁，如今的花院园林，所到之处，目之所及，都以短篱笆相围。环绕而行，花香缭绕，衣襟尽染。而专程从远方赶来丰台赏花的人渐渐变少了。

旧时，北京市民园林技艺，为中国之罕见，诸城之冠首。虽然我不能将名花奇卉的名字详尽数出，但是依我的了解，当地名花之中除了牡丹、芍药之外，当属海棠。"看花南陌复东阡，晓露初乾日正妍。走马碧鸡坊里去，市人唤作海棠颠。"是南宋诗人陆游的一篇名作。在北京的人家，但凡庭院大一些的，定会有三两株海棠在风中盛开。御花园的绛雪轩、南海的颐年堂和颐和园的乐寿堂几处的海棠最为繁盛。这和陆游另一首诗"宣华无树著啼莺，惟有摩诃春水生。故老能言当日事，直将宫锦裹宫城"里描述的景象别无二致。

仅次于海棠的便是丁香了，此花结丛而生，适应性极强。开花时间和海棠相仿，状若聚伞，馨香炽烈，若将其剪枝插入瞻瓶，便是雅俗共赏的良景。

再往下便是石榴花和夹竹桃了，从晚春到盛夏再到中秋，它们都常开不败，星落密布在庭院之中，平添几分富丽之气，自成故都的一道别致的风景。

在北京，最让人们不堪忍受的，大概就是春夏之交铺天盖地的沙尘暴了。而对付它最好的办法就是绿化街道，种植树木。此例可见东交民巷的各国使馆区，它悠然矗立在一角，好像跟狂沙肆虐的北京城隔离了一般。古代以来，紫禁城里多种槐柳，这一点在唐人的诗歌和绘画里都有所体现。北京故宫现在还保留着很多旧时的痕迹，从中华门到天安门的一带城墙旁边，就盘亘着残存的一些千年古槐。盘根错节、苍鳞斑驳，凭地勾起人们无限思古之情的同时，也在悠悠地向人们描绘着往时的面目：蔽芾甘棠古树苍苍，曾为人投下多少阴凉。此外，王侯府邸槐榆成荫，灵坛庙宇松柏森森。若是沿着护城河种满垂柳，数十里蜿蜒过去都是巍然的浓绿。此番景象，肯定又不免让人怀念起旧时的京城。

记忆中,民国三四年时,东西长安街一带,广泛种植着槐树和马缨花,现在如若这两种树木还在生长着,则即可为夏荫,又可与红墙黄瓦相映成趣,给街道增添不少美感。

往年,皇帝在西苑行宫时,各国使臣就在承光殿觐见圣上。承光殿是团城的主体建筑物。这个团城,依古制而建。因为古籍有训"宫右为台,以备非常",所以北京的宫殿大多沿袭了元代的规模样式。此团城也是,沿着其旁门拾级而上,便是数亩平台,密瓷花砖,器宇不凡,其建筑样式也独树一帜。

置身其中,透过古窗向外眺望。近处的北海波光潋滟,远处的西山碧影浮翠,贝阙瑶宫,真不愧是皇家楼阁。明代的皇帝常于平台召见文武大臣,到了清代,只剩团城的平台与古制相宜。而至于幽闭光绪帝的瀛台,实际上并无如"台"一般的建筑。

团城的殿庭当中,常有老桧盘亘,白鳞碧鲜,姿态秀雅。在我较为年幼之时,这里大约有十数棵桧树,相传是金朝遗种。北方人称其为白皮松,是华北一带的特产。按道理来说,玉泉山和颐和园一带应该广有种植,但据说并不多见。民国以来,此地成为官员办公的场所,一些愚昧的官府衙役曾常在树旁焚火,这等珍贵的桧树大半已枯亡。

如是这般,民国以来,旧城北京几近面目全非,如今身已遥远,然而只要想到心之所系的一草一木都在渐渐消失,就黯然惋惜,痛心不已。

——佐久间东山:《燕台识馀》,中央公论社昭和十七年五月版,第380—385页。

名胜（一）

战后的紫禁城

一

日军进入北京城后，大部分军队都驻扎在了安定门外蒙古外馆的喇嘛寺里，北京城内也安排了一些军人。由于师团司令部每日都需要和公使交涉，就将其设在了日本公使馆内，也就是山口师长和西公使的日常起居都在公使馆内，进入公使馆大门左边有两间办公室，一间是参谋部，另一间是副官部，公使馆旁的几户民宅成了管理部。公使馆书记官和翻译官等的寝室相邻而立。从公使馆穿过一面墙后面就是肃亲王府，战火后残存的几间屋子变成了柴中佐和原田参谋的住所。司令部的军马都安置在了肃亲王府的庭院中。我们一行人先拜访了参谋部，后经副官部的安排，将管理部的一间屋子给我和田口先生作为宿舍,并给我们安排了一名辎重兵。到了这儿我们才终于能放下行囊,稍稍整理一下衣装。这里原本是清朝的古董店,这几日我们成了这间屋子的主人,还安排了勤务兵,生活还算比较惬意。在尚未整顿好的军队里,能受到如此厚待令我喜出望外。接着我们拜访了师团司令部的山口师长,向其了解了我们从东京出发以来这半个月的局势,情况并未发生大的变化,皇帝外逃至今不知所踪,俄国军队大都已经从北京撤退,日军也已有半数撤退。在我们谈话时师长恰好收到一封电报,内容大概如下,去年九月二十九日联军向清军提出要求希望派兵到山海关一带,清军并未反抗同意了其要求。日本方面也希望派遣一些陆军。同样收到电报的西公使匆匆前来,和师长围桌而坐共同商讨。公使本来身体就欠佳,再加上长时间奔波于战争中,元气大伤,脸色暗淡,但依然不辞辛劳,和师长分析外交现状以及将庆亲王和李鸿章任命为全权代表委员一事。庆亲王是亲日派,现驻扎于北京,李鸿章拥护俄军,现仍在天津。荣禄也被任命为全权代表,但他不久前仗着手中的兵权为难过外国公使,后来内心恐惧便躲了起

图 11 战后的肃亲王府
（原文插图）

来，各国公使也纷纷表示拒绝让其全权代表。拜访结束后我们回到了宿舍，在院中烧了热水洗了澡。晚上军中还送来了葡萄、苹果等一些水果。晚饭我们吃了鸡肉喝着啤酒，简直美味至极。鸡肉和啤酒与日本国内的几乎无异，但如此大的苹果和如此香甜的葡萄在日本却从未吃过。（以上第七封信于北京第五师团司令部宿舍内完成）

二

北京是清朝光绪皇帝的都城，他在这里统治着四亿民众，然而这个北京城却因为一个莫名其妙的战争而被卷入东西列国之间的战乱中，落败后又遭受列国联军的马蹄踩躏。甚至外国的一介草民也能随意进出皇宫，在皇帝的宝座旁晃来晃去，这对于我等来说也算是意料之外的幸运了。然而如果更加深入地揣度光绪皇帝的想法，慈禧虽牝鸡司晨，但辅佐皇帝一事却并未尽职尽责，光绪帝虽深知自己不应卷入这无端的战争，也没有办法亲自掌控局面。最终首都沦陷，一行人连准备车马的闲暇都没有，仅仅召了庶民常用的马车入宫，连同皇后以及西太后的御驾,乘着这前后共计十六辆马车逃离了居住多年的皇宫。逃亡的目的地也并未确定,他们辗转去过保定、太原(上古地域名,今山西省中部和西南部)、西安,如今皇帝居无定所,向西北方向逃去。再看皇城内的装饰,就连寝宫里的衾枕都还维持着原样。在从远东地区而来,同为东亚人种,有着相同文化的我们看来更是引发无限感慨。

一九〇〇年十月四日,时任税所炮兵大佐一职的我,同辻村二等监督、田口代议员一道,由日本公使馆川岛翻译官领路,在宪兵队骑兵的护卫下进入皇城。由于各国联军将要举行北京城占领仪式,从这个时候开始,下士以下的士兵才允许进入城中。平日里宫门紧闭,只有与负责守卫的司令官打过照面,在得到他的允许后才能进入。我们一行人在前一天就已经和他知会过了,今天其他人骑马,而我拿着相机坐在马车里跟着他们一起进了城。

这一日,走出位于交民巷日本公使馆内的第五师团司令部,路过西邻的西班牙公使馆门前,眺望左前方,有一条名为玉河的沟渠,前几天作为各国公使馆救援先锋队的印度兵潜入了位于玉河下流处城壁下的水门。跨过石桥,俄罗斯公使馆就在右边的一个角落里,从它的侧边向右转就能走过英国公使馆门口,肃亲王府距此仅一河之隔。再往右走,就能看到皇城的外墙了。根据地图的标示,位于皇城南方的正门叫作天安门,北方的后门叫地安门。东方叫东安门,西方叫西安门。外墙的里面还有一堵内墙。这是一个周长六里,南北相当于我国六町三十三间有余,东西相当于我国八町二十四间有余的长方形,它将宫殿如数围绕,还有四个门。南方的正门叫午门,北方后宫的后门叫神武门,东方叫东华门,西方叫西华门,人们就是通过这四个门来往于内外墙之间。墙高三丈、雉堞高四五寸,墙体被涂得通红,以黄瓦覆盖。围绕整个皇城城墙的南门叫正阳门,门前的道路笔直通向午门,在正阳门和午门之间以大清门、天安门、端门相隔。穿过端门,走进午门里面就能看到太和门,而穿过太和门就进入了太和殿。午门现由美国兵驻守,东华、西华、神武这三门则由日本兵驻守。我们未进天安门,直接向右转,经过东安门后由东华门进入皇城。皇城整体以及皇室成员居住宫殿的屋瓦都涂上了黄釉,从远处眺望屋顶,这些屋瓦在阳光的映衬下变得金光灿灿。与东华门相连的回廊与门内的屋脊并排相连,各宫殿的屋瓦都在日光的映照下发出璀璨的光芒,令人目眩神迷。我们还未进入宫殿,便已经感受到了一种庄严的气息。

东华门可谓皇城的通用门,相当于东京宫城的阪下门。我们骑来的马以及乘坐的马车都拴在这道门外面,给我们做向导的清朝宫内官吏也在这里等候着,作为向导带我们进入门内。进到门内,道路大概有五间长,上面铺满了方形的石板,地面如砥石一般平坦。右转后走进位于宫殿正面的太和门,门内各殿的排列犹如一个"串"字。

太和门前左右方各有一个铜制狮子,门里面有东西两房,走进来便到了太和殿。每到元旦、冬至以及万寿节,天子便亲临此殿接受祝贺。殿前有三条石阶,每一条石阶都宽九尺、长三间,左右两侧均立有高三尺的寒水石制栏杆,中间的石阶由一整块寒水石制成,上面雕刻有云龙图案。在石阶的中间陈列了十八樽鼎以及铜龟、铜鹤、日晷、嘉量各两个。所谓日晷,就是以影子落在东西南北不同方位来确定时间的器具。所谓嘉量,就是用来测量斗斛升的器具。据说,这些器物是象征着这里为治国平天下的大本营,集齐天时地利一统江山,陈列于此是为了将这一讯息昭告全国百姓。沿着石阶向上走去,长方形宫殿正对面悬挂着由乾隆帝亲笔题写"建极绥猷"的匾额,御座被安置在殿中央面向南方的高处。左右的高桌上放置着七宝香炉,殿内各处都铺有毛毯。前几日联军经过这里时,数千双军队的泥靴将此地踩踏蹂躏,云龙雕刻的石阶以及此处铺的毛毯都已破损。

同样朝南,位于太和殿后方,与太和殿有一庭院之隔的便是中和殿。这里的构造和太和殿基本相同,二者的庭院周围都有回廊用来划分区域,左右两边各有一个通用门。听住在这里的人讲,中和殿建筑特点为方檐、圆顶、金扉,林林总总各有二十四处,南北各有三阶,东西各有一阶。在这里也悬挂着由乾隆帝亲笔题写的匾额"允执厥中"。这里是天子亲自祈求五谷丰登的地方。中和殿再往里走,就来到了一庭之隔的保和殿。这里是每年除夕夜皇帝赐宴外藩王公,以及亲自进行进士选拔的地方。大殿宽幅九间,殿前的石阶分三出,共三段。

这里同样悬挂了乾隆帝书写的匾额"皇建有极"。大殿后方再走十余步会见到其他台阶,它的北方有一道门,那便是乾清门。再往里走就是后宫了,后宫单独划分为一个区域。

所到之处,各个宫殿的屏风都已损坏,庭院里荒草丛生,甚为茂密。皇帝外逃已经过了五十日有余,这期间并未有人前来整理打扫。屋瓦之上,草木已高达三四尺,想必已经数年没有人清理,清朝之人想必已经习惯了这种脏乱的环境,宫殿内竟然是如此一番景象,让人大吃一惊。乾清门前面的石阶下是一个金狮子,对着上面立着高约三尺的石柱。一品、二品等官员朝见天子时,按官位顺序确定座次。各个宫殿的走廊高出地面五六尺,因而前后都铺上了几层石阶。群臣大都站在庭院中等候皇帝召见。另外,庭院四周还围绕着寒水石栅栏,高约九尺的大鼎也是随处可见。并且还见到了古铜的水池,高约七八尺,直径六尺有余,里面放满水来饲养金鱼。这里的金鱼头偏大,眼球凸出,和我在日本见到的大不相同。

进入乾清门正对面就是乾清宫。是天子日常处理政务，召见庶僚，新年宴请诸王子的地方。面阔九间，进深五间，里面有龙椅，宫殿前是丹陛石阶。天子上朝之时，左右七宝桌上以白银香炉做装饰。御榻是以紫檀木制成，高度略低，上面铺着锦制垫褥。龙椅后面是五扇凸字形的紫檀屏风。左右的柱子上刻着一副对联："克宽克仁，皇建其有极；惟精惟一，道极于厥躬。"不知是出于何人笔下，或许是乾隆皇帝御笔吧。乾清宫后面是交泰殿，是存放天子玉玺的地方。听说此次皇帝外逃，连玉玺都没能带上就匆匆离宫了。交泰殿后面是坤宁宫，皇后的寝宫，当时大门紧锁我们未能得以进入。再后面是神武门，也就是皇城的后门了。

内宫东西的城墙之间各有五扇门，门外东西两侧也是相通的，西面的门是日华门、遵义门等，进入遵义门里面是储秀宫、翊坤宫、养心殿等。养心殿是皇帝的寝宫，是我见过的最奢华壮丽的宫殿，殿内四面满都是金银珠宝的装饰物，让人目不暇接，众多的座钟和书籍十分引人注目，最里面皇帝的御榻依然保持着平时的状态，被褥枕头放得整整齐齐，床下是石板地面，必须穿鞋走动。我还见到了很多做工粗糙的日本陶器等。想必他们把所有外国货都当成珍宝吧。室内最引人瞩目的是随处可见的玉器、花瓶、盘子、水壶、钵等,数不胜数。我们匆匆走过,并未来得及一一仔细欣赏。再往里走是皇后的寝宫,再往左走,穿过翊坤门是西太后的寝宫——翊坤宫。宫门守卫十分森严,没能看到里面的景象。从外观上来看,规模构造大底和养心殿相似。这里所有宫殿都是金玉锦绣,看得人眼花缭乱。反倒是庭中没有一株草木,殿中没有名贵书画才让人感到稀奇。

在这些宫殿的里面还有数百座宫院,鳞次栉比,听说后宫三千粉黛仍然留在宫中,现如今到底是何种状态我们不得而知,也没有理由进去窥视一番。只看到守卫在皇后寝宫翊坤宫门前的宦官,有气无力的像女人一样说着话。我们一行人大概转了一圈后从西华门走了出去,从这开始进入了一个松柏茂密的庭园,枣树已经成熟,摇晃树枝,枣子纷纷落下,捡起一个放到嘴里真是美味至极,让人不禁感叹"庭树不知人去尽,春来还发旧时花"。守卫兵在园内小亭前将马扎摆放好,还为我们准备了茶水。在这暂时小憩了一会儿后我们又沿着围墙向北走去。左边是池塘,共有三个,分别是北海、中海、南海,总称三海,均比东京上野的不忍池要大。中海也被称为太液池。附近这一带的苑池叫作西苑。北海中有一个小岛,叫作琼岛,琼岛和陆地之间是由五米有余的栏杆围城的石桥,如今已因破损而被拆除。这里是从前年八月以来前后三年间,西太后囚禁光绪帝的地方。据说当时将皇帝软禁在岛内的宫殿中,撤除石桥,断绝了其与岛外的往来。在这个与世隔绝的宫院深处,眼前尽是皇帝流窜的痕迹,如今又向西北逃亡,想起这些我不禁觉得光绪帝真是一个苦命人。

皇城背后是景山,在满目平野的城内外之间,前朝皇帝担心发生动乱,特意命人将煤炭堆积于此,成了一个山丘,又在上面建了寺院堂塔。听说站在上面能够眺望到整个北京市及皇城,门前由英德两国士兵把手,分列左右两侧,各守一侧。如果没有两国守卫队长的命令,是不能随便开门的。后来我们了解到手续颇为复杂,需要费些时间,便没有登上去,只是在门外向山上望了望,又穿过北海和中海之间的石桥,走过中海右侧的庭园便到了仪鸾殿,这里是皇城的离宫,据说平时是西太后的居所,现在由德国军队把手。中庭里摆放着一个大型盆栽,殿内藏有各种珍宝,其数量之多远超皇宫里,而如今大都被守卫兵夺去,仅剩下残存的一些锦装书籍散落在地上。我向守卫兵申请得到了一本题目是《御制全韵诗》的书籍,封皮以绸缎包裹,里面每张纸边缘都以蓝纸金泥环绕。书中以整齐的小楷记录了中国历朝以来天子所吟咏之诗,还标明是哪位皇帝所作,如果信息不详会标上臣彭启丰敬书,真是甚为珍贵。

在西苑和这里,到处都种着葫芦,大小各异,从架上垂下来。那些成熟后离开藤蔓,已经风干的葫芦被堆放在了殿中的一个角落。还有一些小葫芦被种植在了花盆里,大小约有一寸。税所大佐、田口代议员向守卫兵申请拿了几个小葫芦,我也有幸得到了三个。殿内还有三个崭新的未曾使用过的箱子,长约四米,宽两米,高五尺,木板的厚度大约为一寸,就像是日本浴池里的浴缸一样。木板的表面写着"元宝银二百五十万两"这几个大字,里面早已被一抢而空,不知是否和这些守卫兵有关系。

从仪鸾殿出来,我们顺着原路返回,走在石桥上左右望去池边的杨柳叶已有半数散落到地上,荒凉的影子随微波荡漾,太液池的芙蓉也几近枯萎,为这悲凉的景色又增添了一笔。桥东是一个寺院,院名已经看不清了,从规模来看还是值得进去欣赏一番的。很奇怪的是,这里铺上了铁轨,上面还有仿制火车,车厢里尽是以锦绣装饰,靠人力拉动行驶。这不仅是为平时很少外出的皇帝、皇后、西太后准备的娱乐活动,也是了解西方新事物的契机。

要想仔细游览一番这些宫殿、珍宝、苑池需要数天时间,我们一行人从上午九时进入东安门,午饭也没吃,一直游览到了下午两点左右,从景山后面绕了一圈,又从东安门出来。如此匆匆一转,连所见之物的十分之一都没能记住。何况我还要用相机记录下这些宫院庭树,步伐便一直落后于同伴,甚至数次迷路,因此未能尽数记录下来,回来后闭目回想,仅将脑海中浮现出的地方记录了下来,以表纪念。(以上第八封信于八月十四日在北京师团司令部宿舍内记录)

——坪谷善四郎:《北清观战记》,博文馆1901年版,第77—89页。

紫禁城[①]和社稷坛

一

火车上虽然不甚整洁,但能有个舒适的座位也让人稍感安心。车窗外一片漆黑,除了睡觉和聊天别无选择。乘务员时不时拿着热毛巾和茶水走来。出国之前还有人提醒我这里的热毛巾不干净易感染天花病毒,让我不要用直接还回去就好。还听人说这里的茶水也不干净尽量不要喝。我在胶济铁路上特意定了一份早餐,但味道却差强人意。我最终还是没能听话,也可能是渐渐习惯了,喝了车上的茶水,也用了热毛巾。茶水很烫并没有什么危险,但是毛巾却是冷热不均,我只是敷衍

---

① 译者注:原作紫金城。

地用了一下,好像这里的毛巾都是甲用完给乙,乙用完给丙。我注意看了一下原来热水是在厕所旁边烧的,气味并不是很好。用毛巾是中国人特有的习惯,既然给了我也不好拒绝。使用方法也很奇怪,一位中国通告诉我将毛巾敷在脸上,然后手不动,脸动,这是正宗的做法。总之,擦过脸,喝过茶后已经过了大半夜了。

到达正阳门外的车站已经是十五日凌晨零点三十五分了。公使馆的人、寄宿处的人、国际观光局的雇工、旧知内野台嶺先生都前来迎接我们,把我们送到了汽车临时住处。并非是我们已经困倦,而是车内灯光昏暗,让人感觉昏昏欲睡。登记付款后躺下准备睡觉已经是半夜两点钟了。

二

八月十五日,雨后初晴,在北京的第一个夜晚,雷声打破了寂静,大雨倾盆而下。我原本是喜欢雷声的,听到轰隆隆,轰隆隆这种震耳欲聋的声音,心中莫名有一种爽快的感觉。特别是躺在床上听到后更是心情舒畅。

早饭的时候,雷公早早就离我们远去,本以为大陆地区的雷会持续时间长一点,但中国的雷公好像性子很急。

早饭后,一辆车把我们接到了预定的住处,东单牌楼的扶桑馆。今早刚离开了一些团体游客,我们才得以入住。扶桑馆的大门是石制洋式结构,内部是日本式结构,十分宽敞,让人心情舒畅。

之前的国际观光局负责人和岩村书记官为我们安排了行程,北京之旅终于拉开了序幕。上午十时许我们一行人将开来的五辆汽车停在了崇文门旁,徒步爬上了城墙。阵雨过后淅淅沥沥的小雨将空气洗刷一新,我们一边听着导游的介绍,一边环顾四周。紫金城屋顶的黄色瓦片似波浪一般,天坛顶部以碧琉璃装饰。黄瓦碧瓦绿树青青,雨后的北京真是宫殿之都。

虽不像人说的"九重云深"那样戒备森严,但其豪华壮丽这一点上却真是藏有九重宝藏一般。外城中央正面和内城中央正面是相互贯穿连接的,穿过永定门、正阳门、中华门、天安门、端门、午门、太和门这七扇大门才终于到达了太和殿。太和殿后面是乾清门,里面是皇宫。真想知道当初天子在位时是怎样一种威严景象。

我也越来越深切地感受到帝王并不是江山社稷雄图伟业的核心。君临中国四亿民众的元首宫城必须要这样壮观雄伟吗？全中国雄厚的财力投入到雄伟皇宫建设中这是理所应当的吗？抑或是如果以广袤无垠的天地为背景，没有如此的雄伟壮阔就不像是一国之君所在之地？无论是奉天的北陵，还是眼前的宫城都能让人想到当初清朝全盛时期的盛况，让人感慨万分。从中可以看到君主专制的影子，也可以看到人类智慧的结晶。

元代时期这里本是一座城池，后来明成祖迁都至此。永乐年间开始建造宫城，称作北京城。内城周围方圆共四十里，南面有两千两百九十六丈，北面有两千两百三十三丈，东面是一千七百八十七丈，西面有一千五百六十五丈。以石块做地基，地上以砖砌成。地基大约厚六丈二尺。城墙顶部宽五丈，高三丈五尺五寸，上面是高约六尺的女墙，用于炮车往来。

外城建造于明朝嘉靖年间，原本计划是将内城四面均包围起来，但最终也只是在南面建造了一面城墙。周长二十八里，南面两千四百五十四丈五尺，东面一千零八十五丈，西面一千零九十三丈，地基厚二丈，顶部宽一

图 12 太和门
（原文插图）

丈四尺,高两丈,女墙高四尺。

从上面下来我们到了中央公园。园内开放了社稷坛,社稷殿变成了活动照相馆。里面有桌子、椅子供人休息,两三友人喝喝茶,聊聊天,十分方便,但又多了些世俗气息,少了些古代神韵。亭亭屹立的老柏树好像在倾诉这江山社稷之难。

——森本角臧:《过眼云烟日记:鲜满支那的游记》,目黑书店大正十五年版,第74—84页。

紫禁城古物

三点左右告辞公使馆,我劳烦内野先生带我去参观武英殿和文华殿的古物陈列所。在东华门前下了车,首先去参观陈列在文华殿内的古书画。这里主要陈列清朝的作品,明朝的数量其次,有一些元朝与宋朝的作品,鲜有唐朝作品。但这里的作品并没有比在上野的表庆馆里见到的古书画更让人惊艳。或许这是因为我从一开始就没认为这里的作品会很惊艳的缘故吧。进入武英殿,这里才真是让人叹为观止。有七宝、瓷器、玉器、金银做的器具、端溪砚台还有哥白林织锦。让人叹为观止的并不是其艺术性,而是这些东西实在是太璀璨耀眼了。这里尽是些价格高到不知是否与其价值匹配的东西,让我感到非常震惊。同时也震惊于康熙乾隆年间的清朝国势之强盛,就连远在欧洲的各国都争相献上贡品。完全想不到拥有这么多财宝的宣统皇帝现在在天津过着什么样的生活。

（中略）

紫禁城已经失去主人，看着这里的宝物，一种似震惊非震惊、似悲伤非悲伤的心情油然而生。我带着这种心情默默仰望着文渊阁，据说这里藏有从奉天宫殿带过来的四库全书。我顺便去偷偷瞧了一眼见证乾隆帝艳史的浴德殿。如果不是星期天或者国庆日，就不能纵览这里了，所以真的只能偷偷看一看。我虽然没能亲眼得见内部，但听说这里面是用白砖砌成的纯土耳其式浴场。乾隆盛世时清朝征服了西方的回教徒，并且活捉了王族。然而那位公主颇有姿色，乾隆皇帝便将其收入后宫纳为嫔妃。此外，还赏赐顺治门附近的宅邸给她的父母，但无论乾隆帝给予多少宠爱与威慑，都无法打消这位公主的思乡之情和对父母的惦念。而乾隆帝也拗不过这份思乡之情，就在南海的湖畔建了一座望家楼来安慰她。这座浴德殿也是为了那位公主而建造。在这之后我们就在武英殿旁边的门下坐着休息了一会儿，又去看了太和门与太和殿中间的广庭。广庭有一条小河，上面架了几座大理石桥。大理石铺成的地面连接着太和门与太和殿,太和殿位于三层大理石台坛上方,每一层台坛都有勾栏。这里的场面实为壮观。想来要把这里打扫维护得像今天看到的这般样子也是相当困难的吧。在经历不知多少年风雨洗礼之后,这里也可能会破损得相当严重吧。而不知不觉中,我开始有了想要把这座宫殿作为纪念人类文化发展过程的纪念品,原封不动永远保存的念头。离开皇宫,回到旅店已是下午六点。

——森本角藏:《过眼云烟日记:鲜满支那的游记》,目黑书店大正十五年版,第85—92页。

故宫

一 宏伟的规模

今天是六月十一日,农历的端午佳节,按照惯例医院应该是休诊的,但是由于正好处于纪念创立十五周年祝贺大会的准备期间,所以还是有人来医院上班。生岛事物长说:"中国有句古话,来北京不看看皇宫的壮大是不能知道什么叫天子的尊贵的,所以有时间请允许我带您大致参观一下。"虽然不清楚,现在的中国人当中真的还能有多少人了解天子的尊贵的,但是故宫作为北平的一处名胜古迹,一直处在政府的保护之下。建筑在特殊的围墙里,安放着历史宝物,政府一直在力求保持其完整性。由此联想到古时,确实能理解天子的尊贵性。

且说,我们走出了医院,看到道路两旁的小店都在叫卖粽子,我跟着生岛先生一路穿梭到了东华门(故宫的东门),从这里进入了故宫。我们一路观赏着巍然耸立在左右两边的宫殿,一边穿过大大小小的门,这里的情形,我很难用语言详细地介绍清楚,归结起来就是"规模大""建筑雄伟"。初次来观赏故宫的人,大概没有人不会被它的宏伟吓一跳的吧。从正面望过去,你会觉得它的壮丽程度更加一层,因为故宫是从最南端即现在的北平停车场的位置开始,一路向北经过几个大楼门才会到达宫殿。现在,正副正阳门、中华门这三大门就屹立在市中心,车马自由通行。到达天安门后,我们持门票入殿,穿过端门、午门、承运门,进入殿内的广场,站在太和殿前,只觉得前庭宽阔无比,放眼望去视线都无法遍及各处。殿前安置的铜制的狮子、水钵等,看上去感觉很小,可是往它们身边一站,发现它们都是我身高的几倍长,不由得吃了一惊。我和丈夫一起,一边用笔记录着,一边参观了体元殿、建极殿、乾清宫、交泰殿和坤宁宫等,感觉它们的结构布局真的是美轮美奂,登上高高的楼门,听生岛先生的讲解知道:故宫又名紫禁城,面

图 13 太和殿唐狮
(《支那北京城建筑》,伊东忠太编,东京帝室博物馆 1926 年版)

积约占北京的四分之一,共有东西南北四个大门,东门就是我们刚刚进来的东华门,南边紫禁城的正门是午门,西是西华门,北是神武门。

但是如果仔细观察宫殿的建筑物的话,你会发现其实并没有什么精巧可言,只有中国一流的粉刷技术装饰。宫殿值得夸耀的就是其宏伟的规模,这种宏大的设计是智力穷匮的现代人无论如何都无法企及的。

二 房瓦的颜色

在北平参观名胜古迹的时候,让我感觉最珍奇的是建筑物屋顶瓦片的颜色。

北平的建筑物无论是构造、门的形状还是雕刻、装饰涂料等都是差不多相同的,唯独屋顶瓦片的颜色是各种各样的,刚才所参观的故宫的房瓦大体都是黄色的,向南方远远望去,天坛是紫瓦,北海和其他很多地方用的是青瓦,因为当时朝廷不允许普通百姓用有色瓦片,所以市街里百姓的房屋的瓦片都是灰黑色的(这跟日本是一样）。皇室、皇亲国戚和当时受皇室尊崇的寺院都用的是黄色的瓦片，究其原因，说法多种多样。这里采用"汉代五行的学说"。这个理论很难解释，根据五行论,中国从远古时候开始就以东为青色、以西为白色、南为红色、北为黑色、中央为黄色。君王是得天命来统治万民，居住在天下的中央，故而崇尚黄色。君王的宫殿的墙壁是黄色的，屋顶是黄瓦，用黄纸系黄带，而民间则被禁用黄色。这也就是故宫用黄瓦的由来。

三　宝　物

我们参观了宫殿中,热河、奉天两离宫的古贵物陈列场，这里满满地陈列着康熙乾隆全盛时代的宝物，像用陶器、珊瑚、玛瑙、青玉和翡翠等宝石制作的假花、盆栽、家具、画卷、屏风和匾额等非常绚丽夺目，但是因为宝物太多时间上又有限，所以只是走马观花似的看了一遍就离开了宫殿，而且由于一直处于眼花缭乱的状态，没有保存住多大的印象，但是总体感觉，这些古器珍玩说明了当时朝廷的威力、财力以及奢华的程度，也汇聚了东洋古典美术的精粹，是学者研究的上好资料。

——森悦五郎：《观支那》，同仁会昭和六年版，第24—29页。

正阳门

说起北京这两个字的日语读法,有些人就按照日语汉字词汇音读,读作"ホクキン"。明治十年(1877年)之前去的人大都这样读。南京这个词的读音我们已经耳熟能详了,大概就是按照这个词的规律读的吧。后来按照"北京"这两个字的汉语音读的人越来越多。当时的北京从铁路方面来说,比较长的线路有奉天至北京,上海、浦口至北京,汉口至北京以及山西省北部的绥远大同至北京这几条线路。还有一些其他从四面八方来的铁路。车站有两个,其一是此西正阳门西侧的京汉线终点站,其二是东侧设立的其他三个方向汇总的终点站。因此,提到正阳门旅客们无人不知。北京的城墙大体都是四四方方,将北京内城围了起来,由九扇城门互相联通。南面是正阳门、崇文门(哈达门)、宣武门(顺治门),东面有东直门、朝阳门(齐化门),北面是安定门、德胜

图 14 正阳门
(《北京の展望》,坂口得一郎编,大正写真工艺所 1939 年版)

门,西面是西直门、阜成门(平则门)。这九扇门中正阳门是最有名的,被称作北京的大门。

正阳门附近的城墙高十米有余,实在是一大壮举。城墙上的建筑之大更是惊人,同侧面是用一样的砖砌成的,可以在上面散步,更是眺望天坛和紫禁城的绝佳之地,但到了夏季,城墙上到处都是繁茂的枣树,散步就不那么容易了。从乡村来的旅行家到了东京,看到东京站规模之大,丸之内大楼之气派已经非常惊叹,但北京城墙的门楼建筑比这二者更胜一筹,正如人们所说正阳门的雄伟真有大国都城之范。如今北京政府财政方面之窘迫,除了这些城墙外,恐怕也没什么了。但正阳门如此雄伟也只是徒然。无论如何中华民国的大国风范只从这一处光景便可窥探一二了。

——后藤朝太郎:《支那趣话》,大阪屋号书店1927年12月版,第242—251页。

中华门

我们到达正阳门外的车站后,商业街方向的道路就是通往前门大街的。向南走是紫禁城方向,有一扇中华门。前门外商业街的情况稍后做介绍,首先我想谈谈在南面紫禁城宫殿的见闻。中华门一看便知是民国时期袁世凯执政时更名的,之前叫大清门。这一带的道路,路面结实平整,像是在镜子上行走一样。日本公使馆以及各国公使馆区域的人们,哈达门方向的人们出门办事时要想从前面出去,必然会经过此门向左转。交民巷的人们也频繁出入此门。另外,同民国交通银行齐名的中国银行和司法部也在这附近。

不仅是中华门,紫禁城里的门楼和宫殿屋顶都是以金黄色釉彩的砖瓦砌成。和红色墙壁互相映衬,也同屋檐下精美的彩色雕刻相得益彰。再加上蓝天白云相称真是美不胜收。这些颜色搭配令人感觉无限美好。

——后藤朝太郎:《支那趣话》,大阪屋号书店1927年12月版,第252页。

景山

景山在紫禁城内北部,往北走进入乾清门,过宫禁重地从顺定门出来,到达神武门,景山的门就在其南方相反一侧的午门附近,互为表里的关系。内护城河也是从这里流出。再往北走就是景山了。大山高耸入云。山上的绮望楼十分显眼。在皇城红色城墙外经常看到。在北京周围城墙上也可清楚看到。天气晴好的时候在西山和玉泉山附近,也只有景山的绮望楼才可远远看到北京城墙的影子。因此景山就成了北京的目标。距离钟楼鼓楼也十分遥远,但可以清楚地看到景山。在北京大学对面的大路边散步边遥望更加感受到其美轮美奂之景。

景山的绿荫下有很多富有情趣的阁楼。这里的风光在很多中国画中都能看到。听北京人说景山也叫煤山。历史上元世祖定都北京之时,为以防万一,先将煤炭运到了这里,堆成了此山。

若北京被敌军包围,遭遇燃料战陷入危机之时,不知会遇到怎样的困难,便将泽山的煤炭运到这里堆成了山,在上面又盖上了一层土壤,还种植了许多树木。当时叫作万岁山,就是现在景山的起源。

近年来,景山的树木日益繁茂,已然成为一片绿荫之地。

——后藤朝太郎:《支那趣话》,大阪屋号书店1927年12月版,第254—255页。

天坛和历史博物馆

一

我在中国的朋友经常给我寄来风景照片和绘画明信片,我还记得从其中看到过的天坛。紫色的铺瓦三层楼的宏伟的塔形建筑。没想到今天可以看到实物,但是眼前的天坛感觉跟我想象中的还是有一点差别。现在这个位于园林北端正中位置的紫瓦殿宇,是历代皇帝在每年的正月供奉"天""地""风""雨""雷"诸神神位,举办祭典的祈年殿。距离祈年殿很远的南边的坛圆正中的位置,有一个大理石的圆形高坛,这就是天坛了。它总共分三层,最下一层的直径是二十一丈,中间一层是十五丈,最上一层是九丈。天坛是一个总高度为一丈五尺的圆坛。取圆的形状是象征天之意。

在狭义上,天坛是指在每年冬至的日出之前皇帝举行祭祀,为四亿万苍生祈求风调雨顺、天下太平登上的高坛。但是广义上来说,这整个大园林都是叫作天坛的。天坛在正阳门的南方永定门街内,由永乐十八年(日本的应永二十七年)建筑的垣墙围绕。现在,它处在六十余棵(绵延二里地的)苍松之间,周围长满了杂草,一片荒芜的景象,甚至可以想象得到中间还会有蟒蛇出没,这种场景和天坛这个名字毫不相称。但是在另一方面,它也反映了当下中国政府财政的匮乏和政治混乱的状态。现在,来参观天坛的只有我和北京医院的宫泽先生两个人,那些能让人联想当时盛世景象的建筑物,现在也任其腐坏无人看管,不禁感到无限惋惜。和这里有些距离的北京西边,还有一座先农坛(是祭奠天神和地神的宫殿),它现在被称为城南公园,但是我们已经没剩多少时间所以没有去参观。

二

回到住处，我们简单吃过饭后便去到了天坛。天坛在正阳门南，永定门内，建于明朝永乐十八年，四周有城墙围绕，俨然自成一区，周围约方圆十里。古松老柏郁郁葱葱，高耸入云，青草悠悠，仿若置身于幽静深林之中。天坛有皇穹宇和祈年殿等宫殿，最初为祭天之用。祭坛石阶分为三段，下段长二十一丈五尺，中段十五丈五尺，上段九丈五尺，全部是由大理石打造而成，每段高五尺，周围以栏杆围绕，最顶部划分为九个区域。这是象征着九重天的意思吧。每年冬至这一天，清晨天还未亮，皇帝便要斋戒沐浴向上天祭祀。国家和人民遇到异常变故之时，也会临时祭天，将变故诉诸上苍。祭坛的北面是以紫瓦修葺而成的皇穹宇，是供奉上帝和历代皇帝以及天地风雨雷诸神的宫殿。宰牲亭、井亭、神库、乐器库等在祭坛的树林间隐约可见。祈年殿坐落于皇穹宇的北面，建造于三级大理石石阶之上，这是一座三层宫殿，蓝瓦红墙相互映衬，可谓天坛最雄伟的宫殿。殿内供奉着诸神。祭祀的器具虽然不多,也并未有什么装饰物,但总给人一种庄严肃穆之感。阴历正月的庚日这一天,皇帝会为全国四亿百姓,亲自登上祭坛祈求一年风调雨顺,五谷丰登。

光绪十三年左右,祈年殿毁于火灾,三年之后,西太后从国库拿出五百万两进行重建,才有了如今的模样。听说这里既是张勋复辟之时的参谋本部,也是袁世凯起草宪法之地。离开天坛,我们到达了紫禁城,首先映入眼帘的是午门楼上的历史博物馆。里面有太平天国的印玺,巨鹿挖掘出来的宋代什器等,还有许多历史文献和资料。另外,我们还看到了清朝历代皇帝提笔的孔庙匾额,被整整齐齐地摆放在了一边,让人不禁感叹时代的变迁。

——森本角臧:《过眼云烟日记:鲜满支那的游记》,目黑书店大正十五年版,第92—100页。

孔庙

孔子庙

孔子在两千五百年前就去世了,天下治乱兴亡像一场梦一样,如今帝制覆灭,建立了民主共和国,孔子依然是人们崇拜的对象。大总统袁世凯为了收揽人心,去年整修了孔子庙,并且亲自祭祀,举行了一场盛大的仪式。

以前,孔子庙里雕刻着一条龙,因为龙是清朝的象征性标志,所以袁世凯把它涂掉,换成了"业"。在孔子庙的门前,成群结队的乞丐追赶参观的人,看门人和陪同的人也纠缠着向他们要钱。还有人偷偷把房顶的琉璃瓦掀下来卖钱。孔子的圣灵每天看着这些恶劣行径,一定会哭泣吧。

孔子庙的正门叫作先师庙门,只允许袁世凯大总统一人通行,常人通行是被禁止的。我们只能从持敬门进去。孔子庙右边是致齐所,左边是神库。庭院右边的门是正门,左边是大成门。进士题名碑散落在松柏间,大成殿的庭院里矗立着在中国的北方很罕见的参天古柏,看上去就好像有巨人站在那,平添了庄严肃穆的气氛。但是这些,跟我在日本神社的老杉树营造的树香四溢、远离尘世的气氛中感觉到的虔敬之心油然而生还是相差很远的。在大成殿两侧长长的走廊下,有许多高约六尺的石碑,可以看见其中有一块写着"圣经,大学之道在明明德在亲民"。

推开大圣殿的门进去,迎面可以看到供奉的至圣先师孔子神位,牌位是红色的。其右边依次排列着:颜子、子思子、闵子、冉子、端木子、仲子和有子的牌位。左边依次是:曾子、孟子、冉子求、冉子雍、言子、卜子和瑞孙子的牌位。四圣十哲就都在这了。

穿过"敬一之门"可以看见门上挂着"辟雍"的匾额。这是孔子三千弟子的大讲堂。中央一个高处设有一个座位,那是孔子讲经论道的地方。

大成门内的石鼓,一直被中国的学界万分珍视。石如其名形状似鼓。距今三千年前周朝宣王的太史籀始创大篆,这也是中国文字的渊源。这个石鼓上的文字是太史籀执笔亲写的,成为保留当时文字笔迹的唯一文物。元朝时期,人们从泥草之中发现了它,把它搬移到了此处,经过三千多年的风吹雨打、泥草侵蚀,现在残留的只有三百八十字了。

——杉本正幸所:《最近的支那与满鲜》,如山居大正四年版,第66—70页。

文　庙

不足一个小时我们离开了雍和宫,于九点四十分到达文庙。这一天总是上车又下车,反倒非常麻烦。先师庙门是正门,但按照规定,这个门只允许元首或者敕使通过,所以我们从名叫持敬门的侧门进入。门内矗立着数十块进士题名的碑。这上面记载了从元代开始至清朝光绪年间进士及第者的姓名以及故乡。这就像是日本现在公开参加文官高等考试及第者名单一样,相当精细。

  大成门看起来很庄严。在地震引发的火灾中,对我来说就连汤岛的圣堂都显得非常壮观,但就规模而言,这两处根本无法相比。虽然大门紧闭无法进入,但其南面的两侧并排摆放着五面用大理石仿造的石鼓,而北面排列着石鼓的真品。真品石鼓高约一尺五六寸、直径长两尺,是个圆柱形状,石头的表面有些剥落。我费了好大工夫才认出它侧面的一部分地方有用大篆字体刻的字。仿造的鼓比真品要更大些,形状像太鼓。据说这石鼓上的刻字是太史籀的笔迹,内容则是歌颂周宣王成功中兴周王朝,与群臣在岐阳狩猎时的事。说起周宣王,此人生活的年代比日本神武天皇出现的时间还要早。历史在漫长的风吹雨淋中消磨,乃至今日只能窥见这短短二百余字,但能够亲眼见到约三千年前留下的古老文字也已是万幸。原本这石鼓已经被遗弃在岐山南部陈仓之野,唐代时由韩退之运抵当时的都城长安,不仅如此,他还作了石鼓之歌传唱至天下。在那之后,一个叫作郑余庆的人把石鼓运到凤翔的文庙,而直至金代这些

图 15 文 庙
（原文插图）

鼓才被转移到这里。望着石鼓,感觉自己就像在韩退之和郑余庆身旁一般。

大成殿富丽堂皇,金瓦丹壁。上方悬挂巨大匾额,匾上题字"道洽大同",为中华民国六年三月吉日黎元洪书。在午门台阶上绑着的清朝历代皇帝题字的大匾额也曾经悬挂在这里。

至圣先师孔子的神位摆放在大殿中央,同时这里还供奉着复圣颜子神位、宗圣曾子神位、亚圣孟子神位、述圣子思神位以及十哲等神位。

庭院里栽种的老柏树葱葱郁郁,与周围的建筑融为一体。这其中还有元朝国子祭酒许衡亲手种下的大柏,六百年屹立不倒并越发繁盛。在树与树之间还有碑亭、水井、惜字亭等,还有一些纸上的字已被烧毁。用某人的话来讲,这里比曲阜的孔庙更加雄伟,当称世界第一文庙。

——森本角臧:《过眼云烟日记:鲜满支那的游记》,目黑书店大正十五年版,第100—108页。

雍和宫

一

雍和宫是坐落在北京市北边的一座喇嘛庙。从昭泰门、雍和门进入，就能看到雍和殿、永佑殿和法华殿等宫殿。里面装饰着世家无二佛、五百罗汉和十八罗汉等各类佛的佛像。还有经堂禅堂。墙壁上雕刻着金刚般若波罗蜜经和许多蒙古文字的经文。

喇嘛教发源于佛教，分为红、黄两派。因为红教派的僧侣都身穿红衣，所以称他们为红教派。这一教派是周朝末年由印度传入西藏的。只专心密咒，后来沦为吐火、吞刀的邪教。看他们这样下去不足以普度众生。于是，一派从中分离出来，在西藏新疆等地活跃，这也就是所谓的黄教。取黄教之名是为与红教相对，黄教僧侣都穿黄衣。红教允许僧侣娶妻生子,通过子孙把佛法一代代传承下去。黄教则不允许,他们奉行的是"化身传灯主义"(即由教主投胎转世之身继续传递佛法)。

西藏虽然说是中国的领土,但在中国有很特殊的地位。它实行的政教一致的政体,达赖喇嘛不仅是宗教的领袖还是政治上的最高长官,也就是说同时掌握着宗教和政治这两方面的最高权力。他的教权远播到了蒙古新疆等地区,这个地方的人们是从心底皈依达赖喇嘛的,所以达赖喇嘛的一言一行,都对这个地方的行政产生着很深远的影响。也正因为此,中国历朝历代的政府,都会对喇嘛教加以利用。

就拿当今的清朝来举个例子。清朝通过表现自己是喇嘛教热忱的信徒,来获得达赖喇嘛的好感。以崇拜喇嘛教想扩大其势力为名,强行招募蒙古新疆的年轻有为之士,来让他们去当僧侣,受僧侣之戒。作为他们受戒的补偿,必须给予他们丰厚的待遇。也就是说,清朝每个月会给每个人一两三文钱,再加三斗白米,来供养着这上千人的僧侣。到了光绪帝,因为财政不足,所以把僧侣减至五百人,月俸也是减半处理。这种情况一直延续至今。到了共和国,政府又会怎样处理僧侣们的待遇问题呢,据说,现在僧侣已经超过五百人了。

二

八月十七日仍旧是个大晴天。我在上午八点四十分出了旅店,车子八点五十分在安定门东面的雍和宫门前待命,我下了车。这里原本是雍正皇帝的潜邸,之后作为乾隆皇帝对蒙古和西藏的怀柔政策之一,这里被作为寺庙捐献。在门前左右两边安置着一对不知是铜制还是什么材质的大狮子。

进入门内,我依次参观了天王殿、雍和宫、永佑殿和法轮殿。这里给我留下最深的印象就是佛像数量非常多,并没有其他特别挂心的东西。在天王殿和雍和宫中间有一块乾隆帝设立的"喇嘛说"碑。在碑的侧面和背面镌刻了满语译文和蒙古语译文。我虽在北陵、大明湖历下亭都见过乾隆皇帝设立的碑,但这里的碑尤其大。虽然我去参拜了东配殿里面那尊欢喜天,也就是天地包合佛,但由于隔着幕布,所以并没有看真切。导游给看守塞了些钱,本想让他将幕布取下,但由于被巡警抓了个正着,直到最后也没成功。越是没看到,人就会越想看清楚,虽然这是人之常情,但即使看到了,佛像也是和人类很不相同的神魔,可能也没有什么特别了不起的。在一个叫武灵殿的地方供奉着关帝,我在那里看到了剥下来的人皮,据说这是一种惩罚。听说这张皮是从被杀的长毛贼俘虏身上得来的。虽然不知道是真的还是假的,但不论哪一种都把我吓了一跳。中国有一句老话,叫"不入虎穴,焉得虎子",但在这样的中国也有着相当不为人知的一面。因为中国曾有张巡和许远在敌军围城之时为了尽忠尽义,弹尽粮绝之后杀死爱妾和奴隶,将肉分给战士食用,所以剥人皮大概也是真的吧。法轮殿内有五六十名围着红褐色僧衣的喇嘛僧,他们正在诵经。每一个人脸上都毫无生气,一副逆来顺受的表情。听说这里的僧侣全都被阉割过,今日看来大概如此吧。

——杉本正幸所:《最近的支那与满鲜》,如山居大正四年版,第71—85页。

北海

参观北海

北海位于宫城西华门以西,是太液池的一部分。元世祖在此地建城,考虑到城内缺乏饮用水,便从万寿山昆明湖引了一条水渠通向这里储水,之后建了离宫。北海看上去约有四个不忍池加起来那般宽广,这在当时的土木建设中规模也算相当大了。对我们来说是极其不希望发生弘安之役这种战争的,但如果将他的谋略看作是为了亚洲人种的雄图伟略,倒也不会让人生厌。

太液池分成北海、中海、内海三部分,现在中海的岛上设置了总统府、南海的岛上则设置了副总统府与国务院,支配中国四百余州的政令约莫就是从这里发出的,我们也因此无法纵览中海与南海的全貌。时间到了上午十点四十分,我们进入三门,登琼岛白塔。虽然阳光直射下的北京相当炎热,但遥望太液池的景色则感觉心旷神怡。这里的水很清澈,莲花看上去也让人感觉很凉爽。登上石阶就来到了白塔旁。

白塔并没有多么雄伟,样子还有点有趣。听向导说,袁世凯曾经将一尊不知从何时开始就供奉在这塔中的佛像请回了家,但佛像请回家后袁世凯就开始生病。最后受惊的袁世凯只好将佛像又送了回来。大概是真有过这么回事吧。这里修缮得很规整。从这里远眺的风景又比在崇文门见到的更加有情趣。总统府被南海中海的莲花所包围,副总统府有着黄瓦和碧瓦,这样的景色让我想起小时候在寺庙里见过的描绘有极乐世界的图画,对中国的内政外交来说这简直就是极乐净土。转眼望向紫禁城,它稳居彼方显示着这天下的壮观。如果将天庆的将门也矗立于此,那么世人为其气势所压倒,认为大丈夫自然要入主此处的野心自然也会油然而生吧。像我这样的人大概花个两三天都不能记住这里建筑的名字吧。

紫禁城后身有一个小小的山丘名叫景山。翠微之间但见黄瓦丹壁,这片景色让人想捧在手心。这座小山丘还有一个名字叫煤山。据说元世祖进北京时担心燃料不足,于是堆积了一些煤并在上面铺土种树,他们管这座山叫万岁山。这个故事究竟是真是假还有待考证,但这座山确实是座假山。这里很有可能是用建造太液池时挖出的土堆成的山。山丘分为五个山峰,上面建造了五个亭子。

据传说,明末时期贼将李自成入侵北京,孝烈皇帝登景山望见城中处处都是因战争燃起的大火。他不忍心民众受苦,便回到宫中,放走了太子,杀死公主、皇后、妃嫔后亲自敲响大钟召集群臣。但见到无人回应他的命令后愤然离去,再次回到景山,他将遗诏写于衣襟,在寿皇亭下的一棵树上自缢而死。万岁山上,他结束了自己短暂的生命,在哀史上留下了绵延千年的恨。无论古今,由于争夺政权而引发的悲剧都令人倍感心酸。

(中略)

出了紫禁城,我们又在宫城内游览了一番。紫禁城外是其内部的七八倍。大体在北京城的中央位置。进入宫城内部,同紫禁城西部有些类似,有一个南北方向的水池,叫作"太液池"。并且水池到处都有地峡,把太液池分割成了三个区域,北海、中海和南海,风光明媚,景色宜人。岸边是小堤坝,桥梁,建筑物和树木,还有很多奇石。水池中还有环岛,一个个翠绿的小岛浮出水面,美不胜收。总统府各个机关就坐落在此太液池旁的风景胜地。这里是北京城内的水乡之地,到了夏天十分凉爽,让人甚是怀念。冬天结上厚厚的一层冰,人们都到这里来滑冰等,让人心情愉快。春日新绿,生机盎然。仲秋明月亦甚是美丽。以太液池中央部分中海上的水亭风光为例来看。从照片来看,这是中国建筑中构图最合理的水亭。湖南潇湘八景中远浦归帆的听雨亭和此水亭可算是南北方最杰出的水亭代表。

中海的飞轩引凤和万字廊

中海正中央还有一个很大的岛屿,景色优美。游客们通常会来欣赏北海的环岛以及南海中华园,这些景色也都非常美丽,中海这里有好几处景色秀丽的景点。还有很多景点并未提名为绝景,但实际上也让人很是喜欢。特别是其中的雅轩雅廊可谓是珍宝。房檐之下到栏间附近的精致让人尤为喜欢。屋顶的线条也很柔和优美，而且富于变化。此类建筑在别处虽然也有但介绍中海时还是要提一下。当然，中海还有很多水乡风光，此处就不多做介绍了。

南海待月轩

南海比中海更加宽广。南起新华门附近，向西北方向延伸。水量丰富，从中央延展出一个很大的半岛。公务所等政府衙门就坐落于此。这一带的风光之美也自不必说，水面上还有很多装饰华美的游船。建筑物也都风雅至极，单从名字上看就可圈可点。待月轩大概是其中最富有情趣的名字了吧。杭州西湖有个初阳台，以月亮和太阳来命名实在是巧妙。我们对于中国文人墨客的文字功力钦佩不已。此太液池碧波荡漾之景有如仙境一般，中国北方像这样的水景很是少见。太液池，玉泉山，高寿山此三者可谓是中国北方三大水乡仙境。北京的游客若是想要前去游览，只要得到我日本公使馆的介绍,便可很容易得到许可。

南海流水音

南海还有很多地方颇为幽静闲适。还有以流水音命名的建筑。这里的石阶和石组稍有些不同。和日式庭园在形式上有很多相似之处,但这里的建筑外的走廊在日本却并未见过。随处可见的凉亭也十分吸引人。总的来说,太液池是一个能令人身心放松的地方,流水音附近有着浓厚的庭园气息。但很多大自然的水景却给人一种有头无尾的感觉。我们还是认为中国的庭园大都人工气息太重,不如那些大自然缔造的纯天然美景更能打动人心。

——森本角藏:《过眼云烟日记:鲜满支那的游记》,目黑书店大正十五年版,第109—126页。

万寿山

一

万寿山又称颐和园，它原本只是一个叫作瓮山的小山丘，1751年皇太后六十大寿时，在此处建造一座宫殿作为寿礼即万寿礼给皇太后，此山就改名为万寿山。也因此，皇太后特别喜欢这处园林，夏秋之时，大小政事都是在这处理。最初建造这处宫殿花费的银两能上以亿计。清末的权臣为向皇太后谄媚，把本应用来制造两艘军舰的国费都投入到了这个园子上。为了君主的享乐而牺牲掉国家的军舰，随之而来的清朝灭亡也就并非毫无道理了。

我们一行人上午八点乘坐汽车去参观这个园林，路上安藤先生和菊川先生做了一番绝妙深刻的"孔子论"。争论的内容以后有机会再记录下来，此处先省略不说了。

穿过颐和园的小门就是仁寿殿,殿前装饰着铜制的龙凤雕像。从仁寿殿的左边向前走,穿过一片松杉林,就到了湖畔。清澈如镜的湖面上倒影的正好是"龙宫"的影子。玉带桥像天上的浮桥,万寿山在右手边耸立着。山腰上殿堂楼阁层层叠叠,黄金色的瓦片,丹青色的纹饰灿烂夺目,其中最高的是佛香阁。

沿着湖边走,玉栏蜿蜒曲折通向乐善堂,再从这进入西邀月门就到了长长的回廊,回廊左边是湖水碧潭,右边是宫殿楼阁,长约千米,宽约两米,全都画满了丹青色的花鸟山水图。途中还筑有留佳亭、寄澜亭。看到这些,可以想象得到,当年尽享人间富贵的皇太后在权臣佞吏的簇拥下如蝴蝶般快乐飞舞的场景。从排云门进入排云殿,殿前仍有古色古香的龙凤雕,左边是云锦殿,右边是玉华殿,后边是皇帝的别殿,还有紫云殿、芳辉殿。从这拾阶上去就可以到达佛香阁,途中有一座人造的岩窟,路旁野菊花也在竞相开放着。站在佛香阁向下望,有一种坐拥天下的感觉,脚踏昆明湖遥指西山的蜿蜒,眺望北京城的无限风光,真让人忍不住拍案叫绝。佛香阁的后边还有一个更高的牌楼,牌楼的砖墙上雕刻着上万尊佛像,还有一座经堂。我们一行人沿着石阶下到寄澜堂,坐着石舟品着茶踏上了归途。

——杉本正幸所:《最近的支那与满鲜》,如山居大正四年版,第86—90页。

二

八月十八日,天气依然晴朗,上午八点半左右,我们驱车出了西直门,行驶在杨柳林中,平坦的道路上连沙尘也不知所踪。路上尽是骑驴的人和驴车匆匆而过。让我也想起了在青龙桥的那头驴。道路左侧是水流湍急的河川,看上去应该是和昆明湖、太液池相连。从西直门驱车飞奔三十公里就是颐和园,我们从门前下了车,当时是上午九点二十分。这个地方是西山的山麓地带,元代时称为瓮山,清朝乾隆十六年,更名为清漪园,历代帝王游行必到之所。西太后还将扩充海军的巨额费用挪用至此,进行修筑工程。并更名为颐和园,作为离宫,夏秋时节在这里处理政务。民国之后,开始对一般市民开放,收费参观。

探寻那过去奢靡的脚踪，穿过仁寿门是仁寿殿。那里是西太后召见大臣的地方。德和门后是德和殿。德和殿是一座三层建筑，是表演歌舞音乐的地方，与其正相对的是颐乐殿，是欣赏表演的观众席。那里如今依然摆放着西太后的一些家具用品。之后，我们穿过几条迂回曲折的小路走到了乐善堂。堂前是一块巨大的泰山石。左右两侧是两个古柏的盆栽，树枝被修剪得非常有趣。如此重金打造的珍品如今也无人问津，任其枯萎。沿着湖水走过一条回廊，回廊里尽是丹青之作。大约一英里之后，我们穿过排云门到达了排云殿。殿前挂着"大圆宝镜"四个大字的匾额。这里还收藏着西太后的肖像画。但是我们未能进入。门上贴着"中华民国十三年十一月二十九日封　京畿警卫司令部"。排云殿的前面是德晖殿。从那里向左转，再向前走几步就能看到宝云阁。全部以铜打造，让人感到十分奇妙。

之后，我们像鼹鼠一样穿过石板路的隧道，看到佛香阁就耸立在眼前。这是一座四层高楼。后面是一座名为智慧海的建筑。在这里，昆明湖的美景一览无遗，尽收眼底。我们在这里的回廊中小憩片刻，想要喝喝茶享受一下帝王的待遇,但是震惊于这周围的雄伟,心情总不能平静下来。果然我还是觉得日本巢鸭租的小房子更好。即使让我住在这里,我想我也不能安心,感觉不到家的温馨。如果不是如此气宇轩昂,也不会在这里肆无忌惮地极目远眺。方圆二三里的昆明湖像一面镜子一样清明澄澈。想要把其当作庭院中的泉水看待,但实在是太宽广了。建筑物红砖绿瓦,能够挡住一面大山,有些很单调,有些色彩又很浓烈,看得我们目瞪口呆,哑口无言。但将昆明湖的水引到泉水中,为了更加和谐,如果没有如此庞大、强烈和单调的建筑物的话,也不会有如此鲜明的对比。这样想来庸俗之感也少了许多。广润灵雨祠和十七孔桥等漂浮在微波之上,像画卷一样美丽。与此相隔数里远的玉泉山白塔就矗立在右侧遥远的山丘之上,像是看护着昆明湖一般。昆明湖的水依然如往常一样,清澈透明,碧波荡漾,曾经炫耀万寿无疆的英雄的子孙如今在偌大的中国竟没有容身之所。比起那秦朝末年咸阳宫殿的惨状,清朝的末路可能远远算不上悲惨之极,但总勾起人一种哀愁之情。

昆明湖的对岸像是工厂里的临时房屋,但烟筒却很少,如此看来应该是冯玉祥部下的兵营。再往前就能看到北京了。清朝的瓦解虽说是时势所致,但将宣统皇帝从皇宫里驱逐出去的是冯玉祥。冯玉祥的兵营虽然碍眼,但事已至此也没有办法了。成为英雄的愿望最终没能实现,我也感觉到了英雄和英雄子孙的悲哀,怀着这种心情我们走出了排云门。探明其来龙去脉后,我们走到了岸边,本打算乘船去玉泉山,但时间紧张,便只得作罢。我们分乘两艘小船,欣赏这水上美景。水之清澈完全不输于赤城大沼和中禅寺的湖水。玉泉的水完全没有受到任何污染,清凉甘冽。划到知春亭,我们又一起拍照留念。还见到了西太后软禁光绪帝的霞芬室和软禁皇后的藕香榭,都是低矮的建筑,以砖砌成,光线阴暗,惨淡之状比牢狱更甚。船夫告诉我们西太后还在爱山楼和借秋楼安排了嬖人,里面的闲情雅趣让人不禁联想起中国自古以来宫廷深处耸人听闻的秘密和一些丑陋阴暗之事。对于贵族不近人情的轶事,内心油然而生一种悲凉。

——森本角臧:《过眼云烟日记:鲜满支那的游记》,目黑书店大正十五年版,第128—132页。

名胜(二)

明十三陵

一

十月二十五日拂晓,雾气很浓,杨柳都还在沉睡。我们一行人穿过城区到达停车场,坐人力车去火车站。我们乘坐的是京长铁路,早晨十一点到达北京南口。南口是通向蒙古的入口,在车站对面是一个漂亮的西洋式旅馆。

吃过午饭,我们并排坐着驴马车向明十三陵进发。我对马车夫说:"驴马低矮又瘦弱,背上再驮着一个如你一般健硕庞大的身躯真是悲惨。"但是波多野先生听了却不以为然,他觉得反倒是人更难受,脚没地方放,在上坡的时候还得按着驴马命令它不要发狂。

左手边是虽不太高但是很陡峭的秃山,右手边遥远的沙地里有几处翠杨点缀着点黛青色。阳光很好没有风,温度有点高,山、川、沙地、草、驴马和人都像被烟雾笼罩着一样朦朦胧胧的。我们跟着先行人马走,马车夫时不时地像突然想起来似的"嗨呦、哈、嗨"地训斥驴马,这时马身上的铃铛就会丁零丁零地急促响起来。与我们擦肩而过的马的马鞍两侧,都挂着一个奇怪的笼子,主要是往山上运柿子。马鞍有"日行千里路,人马保平安"的作用,有它在,好像无论马夫的腿有多长身体有多沉都没有关系了。

我们一行人都是亲如一家人的关系,这次旅行并不着急,也不为了去谋什么利益,只是暂时躲避世俗间的杂事,抚慰一下身心罢了,所以时间上也好事情上也好都没有什么要求。驴马好像能明白乘坐人的心情似的款步走着,马车夫也并不十分"嗨呦、嗨"地催促它。

从昌平的州西门出来,向北走去,就可以看到一个大理石的石门,虽然也有一个石桥,但现在只是空留一个名字。只从茫茫的杂草间露出的两三块石头上还依稀可以想到当年的场景。远处,乍一看上去像鲜艳的红叶一样的是熟透了的柿子。

红门也入色倚身在茂密的草丛中，明十三陵越来越近，这一带就是天寿山了。天寿山是太行山的一个支脉，在北京以北，距离其一百多里。以明长陵为中心，山势开始向东西延伸，只在正南方打开成半月形。十三陵就分散在山麓草木茂盛的地方。这里无论是地势还是建筑都很恢宏大气，观之，不得不对永乐帝的眼光表示叹服。

四个上面雕筑着丈余高的高丽犬的石柱，围成一个碑亭。这个碑亭的屋顶也塌陷了一半，被蔓延的爬山虎染成红色。在碑阴面还刻有乾隆皇帝亲写的《哀明陵十三韵》。乾隆当时大概不会想到，自己在清朝兴盛之时哀悼明朝的这首诗，会在今天成为袁世凯用来哀清的言论吧。

安藤先生吟咏了一首不按章法即兴而作的诗："明朝历代十三陵，伟迹荒废训后人。英雄枯骨梦如何，为我一谈南面乐。"

我也随口吟诵了一句："篡权夺位的恨啊绵长如蔓草。"

再往前前进一点，就是一条基座已经部分坍塌、残损不堪的石桥,桥的旁边隔一段距离就有一座石人石兽。共有四位功臣、四位文臣、四位武臣、四匹马、四头麒麟、四头大象、四头骆驼、四头狮豸和四头狮子三十六座。都是一对一对的,一个立着一个蹲着。遥想当年应该有茂密葱郁的松柏将之掩映其中吧,现在却一棵树也没剩下。

踏着层层的石阶向上走去就可以看到长陵了,穿过棱思门进入棱思殿,可以看到,中央只有一个印有"祖文皇帝"的牌位,周围什么装饰也没有,但是整个宫殿的构造很恢宏壮观。中间有二十四个大约两人抱的大柱子,柱子和柱子之间大约有八米,从这点就可以知道这个宫殿的宏大了。出了棱思殿登上隧道就到真正的陵墓了。皇陵正前是明楼,楼中立有题写着"长陵"的石碑,上面刻着"大明成祖文皇帝之陵"。

——杉本正幸所:《最近的支那与满鲜》,如山居大正四年版,第91—95页。

二　南口（明十三陵）

　　北京的北面有一座南口镇，距离北京大约一天左右的行程。在离车站不远的南口旅馆休息一下后，旅行者可取道前往明朝十三陵。那是明成祖等十三位皇帝的陵墓。从道路左边第一座山的山麓可以看到思陵，前面是用大理石铸成的气势威严的牌楼。从牌楼正面可以远远看到圣寿山山麓的长陵（成祖之墓）。左右半山腰或山麓的绿林中隐约闪现红墙处皆为陵墓所在。黄陵都用黄瓦砌成，一望而知。前往正面长陵的陵路绵延数里之长，有名的石人、石马、石像、石狮子，以及华表（并非日本的鸟居）的石柱威严地耸立在陵路的左右两侧。这些石像都由白色大理石雕刻而成，石人、石马仅在地面的部分就高达九尺乃至一丈。据说雕刻这些石像的大理石全部是从云南运来的，但从后面的圣寿山的后山绕了一圈以后发现岩石裸露的部分是大理石和石灰岩地质，或许是从这些山上采来的石材也未可知。

　　从南口出发游览十三陵，乘坐驴马来回要花整整一

图 16　明十三陵神道石兽
(《北京の展望》,坂口得一郎编,大正写真工艺所 1939 年版)

天的时间。即使这样也不能完全游览每一个景点,仅能游览到长陵。秋天在柿子林中穿行,春天在桃花盛开的桃园中乘驴马游览该是多么惬意的事!

然而陵区没有吃饭的地方,因此要准备好水壶、三明治之类的。

驴马的租金(带一个马车夫)一天来回一元左右,酒水、饭费另算。

从北京到南口,从正直门乘坐京绥线,大约两个小时。

——后藤朝太郎:《最新支那旅行案内》,黄河书院1938年3月版,第150—151页。

居庸关

二十六日拂晓,我们便搭乘一个货车前往"青龙桥",从来没有载过客的货车长让我们搭乘他的车,虽然是一种特殊待遇了,但是向我们收取二等座位的钱,把我们当作货物一同处理,才真称得上"特别"或者"非常"两字。

北方远远望去,那朦朦胧胧的一点山势随着汽车的行进,也慢慢逼近过来。越往前道路越逼仄,落寞的平原被左右的山带包围起来,在两边的山快要缝合的地方就是居庸关了。

两山之间的狭长地带有滚滚的河川流过,铁路就沿着这条谷川在悬崖峭壁之间蜿蜒前行。《淮南子》中写道:"天下九塞,居庸其一焉。"又有京师八景之一居庸叠翠。居庸关以其天造之险再加上强大的入口的优势,是连一只蚂蚁都无法从这里逃出去的。自古人们就流传:

长城可逾,居庸不破。具体不知道万里长城被攻破了几次,但是攻破居庸关的只有元灭掉金的那一次。

如此坚固的要害之地,自从蒙古归顺了清以后就弃之不用了。现在,大面积的铁路从关下一直延伸到张家口。关城已经荒废,也没有了看守人,燕雀在上边筑了巢。与此相对的是,这片土地成为北中国和蒙古之间的交通要道,诸山之间驴马的铃铛声不绝于耳,还时不时地会听到在秃山上放羊的牧童的声音。居庸的山灵大概也没有办法适应它古今的差异吧。

——杉本正幸所:《最近的支那与满鲜》,如山居大正四年版,第96—97页。

八达岭之行

八月十六日天气晴朗。天气已经热起来了。这天就是八达岭之行的日子,七点半左右我们乘坐租来的车出了旅店,到达了西直门外的车站。火车在八点三十分发车。虽然我们乘坐的是二等车,不是很高级,但还是要感谢他们专门为我们一行人增加了一节车厢。

在清河站附近左手边的地方能看到美丽的山阴,就连云彩也缭绕了起来。我们在九点十七分到达沙河站。青山渐渐向我们靠近,甚至能用眼看到山上的羊群和驴群。这里有一些和中国不怎么相称的小河与沼泽,上面还浮着乌龟。

九点三十七分时到达昌平站。这里的山水简直与南宗画一模一样。

所谓山美水美乡更美,美景牵挂故乡人啊。

千屈菜在小河岸边静静地开放。这让我想起了故乡的盂兰盆节。

九点五十五分我们到达了南口站。据说从这里下车,骑着驴走二十五里地就能到明十三陵,但受限于本次旅程计划,我们没能去到那里参观。

在车站的柱子上写有"打倒帝国"的字眼。上海的骚动也波及到了这里。

由于斜坡从此处开始变陡,所以车尾也加了一个车头推动火车前进。我们远远望到居庸关长城残存的堡垒蜿蜒盘踞在山势狭窄的地方。无论是这里的水流也好,还是岩石旁边的样子也罢,都让人想起耶马溪。这附近被称为弹琴峡。我不禁想起了赖山阳。

终于在十一点左右我们到达了龙桥车站。到了这里,水流终于变得湍急清澈,山也终于近在眼前、葱葱郁郁。还有大约一半的路途就到八达岭了,接下来要骑着驴继续前进。我们都是第一次骑驴,坐都坐不稳,提心吊胆地走在凹凸不平的山路上。驴子摆出一副看透一切的表情,铃音清响,铃铛在脖子上轻轻摇晃。它们走着小碎步,实在是非常可爱。

图 17　八达岭
（原文插图）

十一点半左右到达八达岭。到了被称为北门锁钥的关门前,我们松了一口气下了驴,之后开始攀爬长城女墙之间的路。城壁高约两丈、厚两间,绵延万里。历史悠久的城墙宛如一条灰黑色长蛇,又好像青色毛毯一样绵延铺满山峰谷底。不知何时起,卖土产的小贩凑了过来,想要强行推销给我们铃铛、箭头石和小尊佛像。五六个十三四岁的孩子涌到身边,没有针对性地撑着我们的腰、拉着我们的手、想要架着我们走。不论我们怎么拒绝,对方仍然纠缠不休。我们走到半路的烽火台,在那里打开自己带的盒饭。小贩和孩子都站在一边看着我们吃饭。之后他们很高兴地拿走了我们吃剩的饭,见我们往上爬,他们也跟着往上爬。不论我们怎么拒绝,他们都会一有空隙就粘过来。我们其中一个人绊了一跤摔倒了,那些人就立刻跑过来,伸出手想拉他起来,并借此机会想要撑起他的腰。我们刚拒绝他们,他们就用刚才拉人的手向我们要钱。这真是太烦人了。之后他们朝我走来,中文中我只知道"不要",但即便我连着说好几次"不要"也于事无补。我对他们的执着以及毫无破绽感到震惊。我开玩笑一般拿着手里的扇子赶走他们,当他们伸出手,说着"给钱,给钱"的时候,我就一边喊着"不要,不要"一边笑着逃开了。

我们站在山顶的烽火台上四处张望。今天天气晴朗、阳光普照,站在这里可以清楚地眺望到关外的天地。虽然远比不上"平沙幔幕连天"、吹拂着风沙的蒙古,但这里绵延万里似波涛般隐约起伏的山脉也可谓一大景观,真是名不虚传。转头向关内望去,居庸关三关附近好似可以握在手中。满洲子弟进入北京作为清朝盛世的开端,当时为子孙万代着想,万一敌人袭击北京大量军队涌入,天子可退至热河避难,而满洲八旗子弟也可驻守八达岭这一险地以保江山社稷,若战事不利还可退至奉天以保宗庙。

这一计策在当时真可算得上是下得一手好棋。

然而斗转星移,没等到那一天就发生了变革,清朝的惨淡末路就像是做梦一般,宣统皇帝连逃命去热河的时间都没有,就一头钻进了日本公使馆的角落,后来终于得闲辗转到天津,在日本租界里租一套房子居住起来。想当初清太祖为防胡人大兴土木建成此关,然而并无外敌,却是祸起萧墙。清朝在近代祈求能通过这一线险要之地保护满洲的发祥地,但热河与奉天却并非迎接他们子孙之地。兴亡之数岂能预料。

我像看走马灯一样想着这些事,眼前仿佛变成了全景图。北方强兵冲破了这道关门,这已经是他们不知第几次因垂涎南方沃野而闯进来了。即便是现在,在这条铁路的尽头之处,虎视眈眈的冯玉祥仍在遥远的张家口操练着北方强兵。

下午一点钟,我带着万千感慨踏上了下山的路。下山时他们逼着我买了两个铃铛,一个十洋钱。我准备听着它们的响声进入八达岭。由于天气很凉爽,平时爱出汗的我也并没有汗湿上衣。

骑着上午的驴子再次回到驿站休息时,已是下午两点左右。我很喜欢八达岭,也很喜欢驴子。

车站旁边有一座铜像。上面写着"詹公天佑象"。"象"通"像"字。据说他是这条京绥铁路施工建设的负责人,也是中国第一位完成铁路施工建设的人。

三点五十分发车,由于回程走下坡路所以速度非常快。我眺望着与今天早上看到的相同的景色,不觉心生留恋,渐渐沉浸在沿途的风景之中。尤其是从青龙桥到南口附近那段路上,我无数次将头倚靠在车窗上,回望身后的风景。不知等到冬天来临,这些覆盖着山脉的青草地枯萎后这里又会是一种什么样的景象。我想那时就更能散发出像南画一样的风情了吧。想必荷叶披麻、大斧劈小斧劈等画法也是为了如实呈现这种景色而量身定做。斜阳西下,羊群徘徊在残垣断壁旁边,这幅画面让人感觉像是看到了远古的景色。伴着朝阳看到的生机盎然的景色与日暮西沉时归途所见的景色会给人以不同的感受。五点半我们到达西直门外车站。回到旅店时是六点半。晚上八点岩村书记官来访,他给我们讲了许多事。

——森本角臧:《过眼云烟日记:鲜满支那的游记》,目黑书店大正十五年版,第132—140页。

长城

朝阳鲜红的光映在岩石重叠的山峦上,光辉照耀的一山又一山上,一棵树也没有。无论是茂盛的枯黄的,还是小的大的都完全看不到。极目望去,长城跨过长满枯草的山峰也越过谷川,绵延不断地延伸着。其高约三丈,宽约一丈三尺,整个建筑在一块块巨大的岩石上,由长约一尺三四寸,宽约六七寸,厚约四五寸的黑砖累积而成。长城之上有足够转动一架炮车的空间,能允许数十人在其上格斗拼杀。过去,人们在其上投击岩石和杖木等来抵御匈奴进攻。

长城在山势很高难以逾越的地段修筑得很低,在地势低洼容易攀登的地段则修筑得很高。跨过岭越过谷,有的高耸在数千丈的断崖上,有的低浮在数千尺的溪流上,有的像长蛇,有的像蜈蚣,东西延伸开来成为一个伟大的景观。

茎长尺余的杂草已枯黄了,野菊离离、蒲公英点点,不知名的小虫并不惧怕人的脚步声兀自叫着,这就是一些长城所特有的情趣。

据说,古时候蒙古兵剽悍无比英勇绝伦。即使相距万里沙漠,隔着千里山岳,他们都能驾着烈马闯过来。他们的马就像猿猴一样,士兵就像狼一样,纵横千里横扫无数,所到之处是所向无敌。人们常常处于他们的蹂躏之下。

中国几个朝代都无法阻挡他。所以,为了防止蒙古的进攻,人们建筑高高的城墙想把烈马的唯一的通路阻断,这才历经燕赵秦三代的努力建造了所谓的万里长城。传说中,是秦始皇建筑了长城,其实这一说法是错误的,他只不过是做了修复和延长的工作而已。长城从东经36度到41度,北起北纬95度的西藏境内南到北纬125度的山海关,绵延5 400里,不得不说它是世界上的一大奇观。就算不考虑花费的金钱、时间和劳力,光从工程的浩大这点来看,这样的工程也只能在中国完成。

本来以为连骁勇的蒙古军都被长城屏退了,结果听说还是被突破了几次的。而且想到当时攻打旅顺要塞时的情形,觉得这种程度的"天险"也算不了什么。但是在两三千年前,确实是难以攻破的要塞。不过有意思的是,曾经令人生畏的蒙古,不知何时也已经成为中国领土的一部分,这个长城结果反而成了交通上的障碍物。

——后藤朝太郎:《最新支那旅行案内》,黄河书院1938年3月版,第156—160页。

生活

北京的车马

在日本人的印象中,运货马车是以马、骡子、驴或者牛为动力,通常由两三头牲畜拉着前行,所以在北京看到独轮车的时候觉得很惊奇。车轮与地面碰撞发出的声音仿佛就在诉说着这个国家的灭亡,这种声音不能简单地说是让人感到不快,准确地说是让人极其厌恶,令人感到窒息。

在这里骑自行车的支那人很多,其武者形象与这种自行车也很般配。为什么这么说呢?因为支那人在骑自行车的时候,脑后的辫子随风飘扬,如同腾空而起的龙一般。虽然他们通常把乘车说成是坐车,但是唯有自行车不同,他们觉得自行车和马一样都是跨上去骑的,所以就说"骑自行车"。虽然这听起来有些太过讲究了,但是如果让他们体验一次赏花时乘坐的电车的话,也许我还能从他们那里学到表达乘坐赏花电车的正确说法呢。

街上也有很多人把马当作交通工具,这其中既有武官也有文官,既有商人也有百姓。时不时地还能看到有老太太或者小姑娘拘谨地骑驴而行呢。支那的女性不是像西方女性那样两条腿并在一起横坐在马上的,而是骑在马上。

像骆驼这种具有远古气息的生物,按理说应该很少出现在街上的,但是这种迈着缓慢且有力的步伐行走的景象确实是在大陆才能看到的。骆驼的全身上下确实有不实用、不完美的地方,但说到底也是没进化好的动物。也有人骑骆驼,但是大多数情况下还是用它来驮运东西。每次都是十头二十头左右,成群结队地走,每一头都有人牵着。该怎么称呼这种牵着骆驼的人呢?我仔细想了想,有牛倌,有马夫,所以管牵骆驼的人叫骆驼客,应该很清楚易懂吧,但是这样叫又让人觉得他们是出来表演赚生活的艺人。

还有比较奇怪的就是卖金鱼的,在日本一般是把金鱼当作夏季观赏的景致,一些比较新潮的俳人也是把金鱼放进夏天的俳句里进行吟咏,但是在寒冬腊月拿着金鱼贩卖,实在是让人感到异样。挑着的水桶上用一些布和油纸盖得严严实实的,用战场上的话来说,这些布和油纸就是金鱼的全部的御寒装备。

遇见了一支满是红色标志的队伍,红色的板子,红色的棍子,红色的旗帜,数十人排成两列缓缓走来,队伍大概有两条街那么长,似乎是金榜题名或者是新任到职,以这种形式来告知大家。

又看到了某个国家的一队军人,可能是刚刚行军回来,看起来很累的样子,脚步和节奏都乱了,可能这样比较有趣,但是不管行进过程中有多无聊多单调,还是在间隔距离上整齐划一的好。

呀,是日本妇女!檐发型,日本传统披肩,白色袜子,木屐,这分明就是日本的妇女。因为同为日本人,看到她会感到很亲切,但是不管怎么说,日本妇女的身材,服装以及体态都让我难以感到悦服。不过现在在披肩的下半部分还是下了点工夫去改进了。

路上肉铺很少,但是现在看见了两个壮汉正拿着刀在割羊肉,把皮扒了挂在一旁的网子上,把羊的五脏六腑都掏出来放在了案板上,鲜血哗哗地流以至于路上都是鲜血淋淋的,惨不忍睹,这让我想起支那人说过的一句话"君子远庖厨"。

——涩川玄耳:《玄耳小品》,隆文馆1910年版,第46—48页。

北京的僧侣

向导将车停在了一座黄色屋顶的宏伟的建筑物前，在中国，黄瓦象征着某种权威，而这座以黄瓦铺顶的雄伟的宫殿就是喇嘛寺。

门口有五六个孩子，遇到衣着还算整洁的人就哄围过来乞讨。进门后，就是安放石狮子石马的大院子，眼前的场景颓废不堪，三个和尚旁若无人地边撒尿边聊天，真是玷污了寺庙这种圣洁的地方。穿过这个庭院后又有一道门横在我们面前，看门的和尚问我们一人要了十文钱后，才打开门让我们进了这个佛殿。随后在其他的一道又一道的门，一座又一座的佛堂又被看门和尚要了开门费。不仅如此，又被各处的管事儿和尚以带路为由要了带路费。佛堂里面的大致状况和日本的佛堂没有什么区别。正参观时，有个和尚突然从袖子里拿出个红色黏土烧制的小佛像问我们买不买。问了问价钱，二十文一个，我们砍价说"十文一个卖不卖"，对方立刻就同意了。问这个和尚还有没有小佛像，他就立刻跑到佛坛下面又拿出两个卖给了我们。之后到了别的佛堂，也有像他一样卖小佛像的和尚，但是我们没有再买。不经意发现了极乐世界的模型图，有山有水，有楼阁宫殿，还有羊肠小道穿过险峻的岩石。不仅如此，还陈列着佛、菩萨、罗汉、和尚以及俗世的万千男女老少的塑像，有行走的，有坐着的，有呐喊的，有聊天的。不管是哪一个都经过香火的熏陶变得古香古色很是可爱。我们掏出五六枚银币摊在手上，问卖小佛像的和尚："这些极乐世界的佛像卖不卖？"和尚摇摇头不肯卖，或许是怕卖了之后被赶出寺庙吧，又或者是我们出的价太低。假如我们出比现在高十倍的价格，那个和尚或许会铤而走险把佛像卖给我们吧。

最后的佛殿里供奉着一尊大佛，佛殿虽然很高大，但是看起来能登到顶上去，所以我们就和带路的和尚商量，让他带我们上去。最后谈判的结果是一个人三十文钱，两个人先共同支付二十文，剩下的四十文等到登上佛殿之后再补齐。谈判达成后，带路的和尚就出去了，没一会儿带回来一个手里拿着钥匙的和尚。两个人就开始悄悄地商量着什么,不知怎么的突然开始大声争吵起来,紧接着两个人就开始互相推搡,我们觉得挺有趣,就看了一会,但是两个和尚一直互相推搡,没有激烈地扭打在一起,我们看一会觉得很无聊就离开了。问一直跟在我们身边乞讨的孩子后,才知道了那两个和尚吵架的原因:拿着钥匙的和尚想和带路的和尚分一部分我们给的带路费,但是带路的和尚说什么都不肯,于是有了我们刚才看到的那一幕。

——涩川玄耳:《玄耳小品》,隆文馆1910年版,第48—51页。

北京的冬天

我在日本时听人说起北京的冬天,以为那是一个天寒地冻的地方。去年九月我生平第一次来到了北京,到了十一月二十四日,池塘上薄冰初现,随后真正感到寒气逼人之时,已是零下十多度的严寒了。当时,我为防寒做准备也是费了一番心思。想想过去的十二月就像是在梦中度过一样,如今一月份已过了四五天,冬天已经过去大半,似乎并没有在日本时想象的那样难熬。或许在更北的满洲、蒙古和西伯利亚地区确实是天寒地冻。北京是大陆性气候,但从其纬度来看,和北海道南面的秋田几乎一致,其气候状况也大概能知晓一二了。无论是热带地区还是寒冷地带,人类在世界各个角落寻找自己的家园。作为一名日本国民,肩负着建设日本城市和村庄的使命,而这之前我竟如此担心无法忍受北京的寒冷,想起来真是非常羞愧。

虽说如此,比起日本大部分的地区北京还是更冷一些。进入十二月以来到现在,温度计显示最高温度华氏三十三度,最低温度华氏十三度,平均温度华氏二十三度。换算成摄氏温度的话,一般都在零度以下了。北京的冬天降雪稀少,十二月二日下了一次,厚度大约仅有一寸,不久就消融了,四日又下了一次,这次积雪厚度大约有一尺,只有在此时,往日脏乱的北京城才焕然一新,变成了一个银装素裹的世界。大约过了三周的时间积雪才消融。自那以后就再也没下过雪了。有时,我倒希望能遇上个下雪天,把北京城净化一下,也能让我走在街上的时候心情爽朗一些。但再怎么盼望终究还是没见一片雪花。但转念一想,积雪融化后的街道,泥泞不堪,脏乱至极,又让人难以接受。不过那也是初雪融化时候的事了。随着严寒加剧,街道上的垃圾也都结了冰,再也不用担心鞋子被弄脏,也闻不到街上的恶臭了,走在街上心情爽朗了很多。从这点上来说,北京城的冬天反而更让人愉悦。

寒风凛冽的清晨或夜晚,寒气蚀骨,走在街上,呼出的气体瞬间变成白雾,转眼间鼻子下的胡须上都会结上一层白霜,甚至是冰柱。有时,蒙古的寒流越过长城袭来,寒风呼啸,打在窗户上,树枝随风呼呼作响,听到这些略显凄凉的声音,心中不免愈发感到寒意。寒风似剪刀剪下耳朵,似细针扎向脸庞。街上沙尘漫天卷起千万丈,天地间朦胧一片,像是满天雾气弥漫,眼睛都睁不开。

当然这样的天气并不常见,甚至是很少见,一周一次或者两周遇到一次。每每遭遇这种恶劣天气,我们心中除了不快,竟也感叹其雄伟恢弘。像勇士在战场与敌人奋勇搏斗一般,我们在和自然做着斗争。大自然如果给人太多的恩宠,人类就会变得顺其自然,甚至会堕落、倦怠下去。因此,即使在这样安逸的环境里,我们也要随时做好准备,迎接大自然的挑战。试想一下,这难道不是上天在警醒人类,要我们充满斗志意气风发,顶天立地地活在人世间吗?

北京城周围环绕着一条护城河,初雪之前这里就已经开始结冰,一整个冬天,在护城河厚厚的冰上可以滑冰,滑雪橇。看,梳着小辫子的孩子们整日在冰上翩翩起舞,玩得津津有味,还有很多花样技巧,时而用右腿时而用左腿单独滑行,像一只轻盈的小鸟飞翔在天空,又像离弦之箭速度惊人。孩子们有时露出得意的表情,有时又笑得非常愉快。我们也曾尝试过滑冰,但实在超出了我们的能力范围,连一米都滑不了,最后连后面的人也跟着摔倒了,在冰上摔个四脚朝天,还磕到了头。如果滑稽画的老师看到这一幕,可以就地取材了。总之,滑冰果然还是属于那些"寒带动物"的。雪橇就是在冰上滑行的船,虽说是船但和船的形状完全不一样。长度和餐桌桌腿相当,前面拴着一条绳子,有的雪橇可以容纳两个人,有的可以容纳三四个人。在冰上拉着绳子往前跑,拉绳子的人先拉着跑一百米,由于惯性雪橇可以自己再滑行一百米。护城河从城东的东便门到通州,共有约三十里地,可以坐雪橇来往,只需两个多小时就可以到达通州。

果然是寒冷的国家,大家防寒准备都十分充足,首先是服装方面,厚厚的棉衣自不必多说,各种各样的皮衣穿在身上,看起来就十分温暖。毛皮中数羊皮最多,从上等到中等下等,种类繁多,而且主要用于衣服里子。狐狸皮、水獭皮和貂皮等其他上等皮毛主要用于制作上衣的面料。价钱方面,下等面料的五六十元,中上等的要几百甚至上千元,当然只有上层社会的人才穿得起。

接下来是防寒头巾，冬天外出必备，像是和服的袖子被剪下来围在头上那样。从耳朵到两颊都围得严严实实，再绕到额头上，后面再留一尺有余。另外还有耳罩和里面带有毛皮的帽子，但这些大都是下等社会的人们才会戴的。然后是鞋，更是有过冬专用的鞋。袜子也比普通的更大更厚，保暖性更强。晚上睡觉的时候，大都睡在炕上。炕是用砖块垒成，高约二尺的床。下面有个洞可以用来烧煤以取暖，人们在上面睡觉。在这种炕上睡觉只需盖一个薄薄的棉被就足以安心入睡了。当然也并不是家家户户都有炕，贫穷人家垒不起，富人家庭不需要。日常起居中主要用来取暖的是炉子。像是日本的火盆，但又有所差异。炉子有些是铁制，有些是黄铜制，还有一些是土制，种类繁多。但其形状和用法大同小异。上面是一个直径约两寸的圆形孔穴，中间用作生火，下面有一个可以收灰、通风的孔。用煤作燃料，将煤炭碾成粉末，与黄土混合做成一个个小煤球，在太阳下晒干后储存备用。这些煤球易燃且可持久燃烧，平时烹饪做饭也全都靠它。不过，这种炉子的取暖效果远远不如暖气。热量不能向四周发散，全都升到房顶。用暖气的话肯定会更暖和，但他们都不用。但也不是所有人都不用，在一些中国人家庭偶尔也能看到暖气。想来，大概是他们大都靠多穿衣物来保暖而不喜欢借助火力取暖。穿着过多自然导致行动不便，这对于那些很少劳动的中产阶级以上的人来说还可以。但像我们这种外国人，是不能容忍自己像中国人那样穿着臃肿的，根本无法工作。所以我们还是选择暖气取暖，屋里像春天那样温暖，可以自由愉快地工作学习。完全不必担心外面零下二十度的严寒。

那些下等社会的劳动者们最是令人敬佩。他们不像中等社会那些人那样围得严严实实，而且无论天气多么寒冷依然坚守工作岗位。车夫和苦力工人需要耗费大量体力，可能不会感觉到冷，但那些在街边的小商人们在刺骨的寒风中依然能热情地招待客人，实在是了不起。从西山来的运煤工人，牵着驮满煤炭的骆驼，身上只穿一件已经被煤染黑的单薄的棉衣，回去的时候骑在骆驼上，袒露在外的胸部早已被煤炭染黑，在寒风中悠然前行，其强健的体魄着实让我感到震惊。还有那些深夜中在街上的小商人，他们操着浓重的乡音不顾严寒高声叫卖,身体实在强壮。深夜时分,我们急匆匆赶回住处之时,偶然看到银炉或银号前值班的士兵,枕在枪上,随意地把羊皮盖在身上,鼾声连连,早已进入梦乡。在如此的环境中居然能安然入睡也让我敬佩不已。

那些可怜的行乞者,破旧的单衣像海藻一样围在身上,与其说是衣服,不如说是一块满是破洞的布料,从肩上缠到腰间,腰部以下几近全裸,让人不禁心生悲悯之情。看他们骨瘦如柴,想必是吃不饱饭的。面对着这无情的严寒,瑟瑟发抖,面无血色,连抗争的勇气都没有吧。听说在北京,每年会有数百个像这样的行乞者,饥寒交迫,最终曝尸街头。

深夜中,我望着无垠的天空,无数颗星星在天边灿烂绚丽,英气凛凛射人心弦。在这狂风肆虐,树木干枯,天空昏暗,一片惨淡景象的北京的冬天,也只有在这样的夜里能让人内心清明。星光璀璨,月光如水。(一月二十四日记)

——高濑敏德:《北清见闻录》,金港堂书籍,1904年,第49—56页。

北京的赶时髦之风

追求时髦在任何一个国家都是常见的事,如果你认为所有的清朝人都是顽固的守旧派的话,那你就大错特错了。之所以顽固守旧,是因为对于一些政客来说,打破旧有的习惯不利于其谋求自身利益,所以不得不守旧。但是如果抛开利益关系不谈,恐怕没有人不喜欢新奇事物吧,换言之,所有人都对特别的事物抱有好奇心。想让自己与众不同是人之常情,所以就出现了时髦,想让自己跟上大家的步伐也是人之常情,所以就出现了赶时髦之风。

北京人是怎样抛弃旧习,迈向新奇世界的呢?这不仅局限于戴着金框眼镜的海归青年,在大街上穿着欧洲风外套的行人,戴着日本军帽、穿着有肋骨饰带骑兵服的玩耍的孩子,不都是最好的证明么?

西洋风的手套通常在中上层人士中比较受欢迎。

女士手中拿的是从神户运来的丝质手绢,身上喷的是从隔着红海的遥远的法国运来的香水,香气馥郁令人沉醉。

对于现在已经穿上法兰绒质地内衣的北京男性来说,在不久的将来,也会穿着毛织品的外套吧。同样,也能看到原本喜欢用金丝带装饰帽边的北京女性戴无边帽子吧。

与其他事物相比,食物流行起来更加容易,与清淡的日本料理相比,肉食较多的西餐更容易引起支那人的食欲。但是,支那人不像日本人那样容易妥协,所以恐怕一时半会还不会将大部分西餐引进到中餐的食谱中。

西洋风的建筑也颇为流行,和日本一样,这里的官衙、兵营也早晚会抛弃支那固有的建筑特色,而转为西洋风建筑,而在一些豪门贵族已经建起了具有西洋特色的客厅。

这世界没有文明之风吹不到的地方,即使是隐藏在深宅大院的妇人,也能感受到文明潮流的冲击。"这是我的夫人,今后请多多关照。"像这样向外国人落落大方地介绍自己的夫人的北京人已不在少数。时势推移的速度之快、影响之大,其惊人之势是我们当初未曾预料到的。

——涩川玄耳:《玄耳小品》,隆文馆1910年版,第52—54页。

城墙

"快看,可以看到城墙了",刘廸德喊道。顺着他指的方向看去,没错!这映入眼帘的便是我阔别五年之久,深深思念的北京的城墙!

这五年间,我见过马德里的山城,去过凡尔登的新战场,领略过日落巴黎凯旋门的美,但是现在涌上心口的却是不同于这些兴致的,对于北京城墙的深深的思念之情。

离开奉天的三十个小时,我们不分昼夜地赶路,终于驶出了没水、没有树的赤土荒野。我们所乘坐的汽车到了北京城外的刘村附近后,开始逐渐减缓了行驶速度,逐步接近大城市。旅人在结束其漫长的旅行,到达目的地的大城市时,会感受到非同寻常的激动兴奋。仿佛这个大城市里有什么在等待着自己,激发了自己去探寻美丽而神秘的宝库的好奇心。但是,以上所说的都是后来作为说明加上去的，事实上，当我们望见大城市的屋脊的瞬间，才不会想到这些。仅仅是像孩子一样觉得开心，如同回到久别的故乡一般心头浮起淡淡哀愁。在美国生活的时候，结束短暂的乡间旅行回到纽约时，常常会有同样的感受。感触更深的是从伦敦回到巴黎时，我竟陶醉于这种回归大城市的感受无法自拔。夜幕降临，万家灯火点亮的时候，是回到大城市最棒的时机。因为白天回归太过明亮，夜晚归来又太过冷清。

说到到达大都市的最理想的时间，我想便是那炊烟笼罩的黄昏吧。但是，这最佳时间却并不适用于北京。

灰色的城墙，越来越近，五月初的阳光清澈纯净，如同洪水一般倾泻在了这个古老的都城。凹凸有致的城墙顶端，将蔚蓝的天空分割成两半。城墙绵延逶迤二十余里，四角和中央耸立着威严的烽火台。除了城墙和烽火台，没有什么阻挡我们的视线，一眼望去，一片旷野。红色土地上星星点点的农舍更加衬托出了长城的威严。汽车从高大的永定门前飞驰而过，又穿过城墙，来到了北京的外城。左侧是雄伟的天坛，以其威严之姿震慑众生。黑瓦土坯的民房前，浑浊的河水流淌着，唯有落花的桃树才有那么一点春天应有的绿意。鸭子也在门口专注地觅食。随着汽车的奔驰,这般光景从眼前飞逝而过,我们直接来到了位于北京内城东南角的东便门脚下,在高十一米的城墙下,汽车向左打了个转后,终于开始慢慢悠悠地行驶起来。我跑到了窗子附近,尽情地仰望这北京的城墙。经历了五百年的风吹日晒,已经变得满目疮痍,灰色的墙皮脱落,裸露出了内部黄白色的满是污垢的墙体。既无法与围绕凡尔赛宫的砖墙相媲美,又不如千代田的护城河的石块那样整齐,但是就是这座荒废的城墙,唤起了游子心中的万千思愁,有着其独特的魅力。支那这个大国的文化、生活、历史,全都深深地浸透在了这个城墙之中,身处此境,能感受到其厚重的历史。环绕着支那街城的这座质朴坚固的城墙,正是这个民族的象征啊。

——鹤见祐辅:《偶像破坏时期的支那》,铁道时报局1923年版,第92—95页。

东安市场

在北平市内有东安市场、东河市场、西安市场、西河、西单、广安、新丰等大大小小数十个市场。据说这其中既有像日本劝业场和上野博品馆那样的汇聚了各种各样商品的市场（所谓的劝业场），又有像只贩卖谷类、棉花、绸缎等单一商品的专门市场，据说和日本的市场差不多。因为旅居北平的时间有限，所以没有能够都转个遍，只是去了比较有代表性的东安市场。

市场的规模

东安市场位于东安门外的丁字街，是离同仁医院最近并且是规模较大的一个市场。想必看过了东安市场后，对于北平其他市场的状况也能有所了解吧。简单地形容一下东安市场的规模之大，在巨大的建筑物里面道路纵横,已与普通的街道并无区别,并且这里面的街道的宽度看起来有近二十米宽,就算是最窄的也得有九、十米宽。不仅如此,道路两边店铺鳞次栉比,大多都是两层的楼房。在街道的中央,并排摆着两三行的货摊,就像东京的夜市那样,既有面向路边过来过去的人群摆的货摊,又有面对着别的货摊摆在路中间的小摊,这样一来,本来挺宽敞的路就被分成好几条窄窄的小道,变得拥挤不堪。

这个市场的东西两侧各有一个较大的出口,在出口附近挤着很多人力车和汽车,乘客们上上下下,很是热闹。络绎不绝的顾客将这个市场的繁荣昌盛展现得淋漓尽致。市场的总体布局是经营相同种类商品的店聚集在一起,比如说服装店、日用百货店、家具店、玩具店、化妆品店、饭馆等。但是市场里也有很多地方是各种各样的店混在一起的,尤其是路两边的货摊,真是卖什么的都有。

市场的商品和价格。怎么样鉴别市场里商品的呢?那些高大屋舍里的气派的店通常都是一些大富商开的,库存充足并且商品的质量也无可挑剔,他们重视信用,不会在价格上欺骗顾客的,所以值得信赖。在这些店里通常都会有两三名甚至更多的店员随时提供服务。与此相对,路边上的货摊也摆着相同的商品,但却厚着脸皮以高于实际价格半倍甚至一倍的价格叫卖着。仔细看他们的商品总能发现有瑕疵,明明卖着这种有问题的商品,但却喊破了嗓子拼命招揽着顾客,其实不仅在中国是这样,日本的货摊也存在这样的现象。

之前和楠木博士来过这个市场。楠木博士也说想买点什么回去,于是高木就带我们沿着道路的东侧逛,逛着逛着来到了一个卖银制品的店面。店门口挂着刻有万寿山、昆明湖、天坛、石景山等全景的精致的浮雕的银制横匾,并且货架上摆放着银制的玉泉山塔、支那服装、迎亲队伍等一些精美的小玩意儿。于是我们一行人就跑进了店里,正看得出神的时候,楠木博士表示很喜欢这个店的东西要买一两件,于是就拜托高木当翻译和店家商谈起了价格。我们想买的一个小玩意儿没有标着价格,原本以为店家会按看起来与其大小款式相同的银器上标的价格来算价钱,但店家并没有这么做,而是拿出了秤,称了重量之后告诉我们说重量相同,可以按刚才说的方法来算价格。店家的这一举动让我不禁感到这个店真的是很守信用啊。后来和一个朋友谈到这个事情的时候，他反驳我说："那个秤不可信，支那人在卖东西和买东西时用的秤是不一样的，所以绝对不能被蒙蔽了，至于你说他们守信用什么的，我不敢苟同。"但是我到现在还是相信店家没有欺骗我们，并且高木和店家讨价还价后，卖家也只不过以五折多一点的价格卖给了我们。那之后，我们因为要买人偶所以就又去了一趟东安市场。说到为什么要买人偶，那是因为这之前的晚上，西村副院长邀请我们去看了梅兰芳的戏，为了记住梅兰芳的样子和舞姿，我决定买个梅兰芳的人偶带回去。早上，我劳烦宫泽陪我一起来到了市场，逛着逛着不经意间看见了一个大概高七寸，扮着女装保持站姿的梅兰芳的人偶。人偶是用土做的，所以比较重，乍一看很漂亮，但是仔细一看发现烧制得不太结实，很容易被弄坏。问店家"买一对多少钱"，店家回答说是一块大洋，于是宫泽试图把价钱砍到五十钱，经过讨价还价店家最终以六十钱的价格将人偶卖给我们了。令我震惊的是仅仅一块大洋里面就有四十钱是卖家故意提高的价格！再回想昨天和博士们一起来这个市场的场景，不禁感慨即使是在同一个市场里面，买东西的体验也是不同的。这不得不让我相信之前和朋友谈论这个市场的诚信问题时朋友所说的话了。因此我要提醒来支那旅行的人一定不要过于信任市场上的卖家，一旦大意了，肯定会吃亏的。

——森悦五郎：《观支那》，同仁会昭和六年版，第30—35页。

鞋店之行

旅居北平时，得空和朋友前山去了趟保兴泰皮鞋店，鞋店位于东单北路西侧，门牌号是三四二，离北京医院很近。因为店铺扩建大酬宾所以所有的鞋都是四折出售，我抱着看热闹的想法走进了店里，出来招待我们的店主看起来三十多岁，十分温和，店里有七八个学徒在专注地做着自己手头的活。我看了一眼他们做鞋用的皮革等材料，很多都是日本产的，这让我感到十分高兴，并且欧美产的皮革也很多，看来这个店还是比较可信的。看了一会，前山就问我："怎么样，要不要来一双？"我说："嗯，要是便宜的话就买一双。"听完我的话，前山就开始和店家谈鞋的样式和价钱，店家好像回应说："如果买现有的鞋的话，可以四折拿走，但是定做的从下订单到取鞋很费时间，会过了打折的期限，所以就不能享受折扣了。"

在日本，就算是在打折酬宾期间也会接受订单的，即使是稍稍超过打折期限,也会给予客人折扣,与此相对,不肯让步的支那人在做生意上比较精明周到,但是他们在坚守商业原则方面还是很可靠的。

前山指着我和店主强调了好几遍:"这位是从日本来北平旅游的,特意来您这里买鞋,所以能不能给我们定做一双呢?"店主终于同意了,拿出了藤椅让我坐下,还倒了红茶,让我脚踩在纸样上量取了脚型,告诉我后天来试鞋样。随后店家就在取了我脚型的样纸上写下了"永岁保管东京森"几个字,请我确认后便收了起来。这一做法让我觉得很是敬佩,因为谁也不知道我到底还会不会来第二次,但店主却将我的鞋样永久保存起来了,这就意味着如果我之后有需要的话就可以再次定做,不必费时取鞋样了。这种细致用心对于商人来说是极为重要的,果然不愧是大国支那的商人啊。在感到佩服的同时,我也深信他们会在鞋的价格范围内尽自己的最大努力,发挥自己的才能,为我制作出来一双令我满意的鞋的。

这只是举了一个小小的关于鞋的例子,就可以看出支那商人的细致用心。实际上,去揣摩老顾客的喜好,并且信任这些顾客,即使是对于从千里之外而来的不曾相识的顾客也用信任和胸怀去接纳他们,这种美好品质已经深深烙在了这个商业大国人民的骨子里。欧美等发达国家的商业植入自然不用说了,让我感到震惊佩服的是在世界上所有新开发的地区都能看到支那商人的身影,他们在那里定居,繁衍子孙,不断壮大着自己的民族。

言归正传,或许我定做的鞋子没有我想象的那样做得十分完美,但是不管怎么说对于一个商人来讲,信任顾客同时又被顾客信任比什么都重要。深感日本的商人确实要向支那商人好好学习经商之道。如约取到了定制的鞋子,带回日本,让日本的鞋商帮我看了看,说这个短靴值十二三块大洋,但实际上我只花了六块零八十。虽然知道支那的原料、人工费以及生活水平都和日本有一定差距,但是听到这个差价还着实震惊了一下,由此不仅可以看出支那与日本的物价的差别,更可以充分体会到支那商人的让价之道。

——森悦五郎:《观支那》,同仁会昭和六年版,第36—40页。

北京女子教育

数年来,虽然有很多人上书慈禧太后,提出了女性教育问题已成当务之急,但慈禧太后一直主张"女性教育有其弊端""并非有益"。

在清朝,慈禧太后的意见便是最高指令,在四亿国人中没有人敢提出异议。因此,即使是主张对于女性教育一日都不能再拖延的人,也不得不顺从慈禧太后,不敢违圣意而为。就这样,女性教育问题拖延了数年。去年夏天,"开展女性教育已经没有阻碍"这一御令如同久盼的清风一般,吹散了密布多年的层层乌云。自此,女子学堂以洪水决堤之势在各地涌现出来。

现设的女子学堂中,与日本人经营相关的学校有两所,前景最好的是由京师大学堂教员服部文学博士的夫人服部繁子经营管理的豫教女学堂。

我想通过记录豫教女学堂的情况,来了解北京的女性

图 18 服部繁子

教育的近况。

通过北京豫教女学堂小学科目四年，高中科目四年，共八年的课程学习，基本可以达到与日本女子高中毕业生同等能力水平。学科的设置方面也与日本基本一致。

大约半年之前，女性教育开展了起来，由于没有了阻碍女性教育发展的因素，有提议说需尽快推进女子学堂建设，但是，对于奉行封闭守旧思想的清朝女性来说，去学堂学习并非易事。即使开设了学堂，有没有学生还是个问题，所以最起码要有十个左右的学生才可以试着开设学堂。虽然议说纷纷，但是不管怎样已决定先试一试。各位开设者在各自的熟人中游走奔波，说服了这家的女儿、那家的妹妹，总算凑齐了十个人。就这样学堂成立了，也开始授课。然而让人没有想到的是，课程还没开始几天，求学者便从各地纷至沓来，一时间门庭若市。这其中也不乏并非真心求学，仅仅是随大流而来的求学者，并且作为第一个女子学堂，在招收学生上面必须谨慎，所以挑选学生时，综合考虑求学者的家境、本人的操行后予以接收。即使是这样精挑细选，学生的人数已经达到了五十人。如果来者不拒,全部招收的话,恐怕来到学堂的求学者要达到几千人。

女学生最初是乘坐中国风的带篷马车上下学,渐渐地开始乘坐人力车来学堂,负责接送的侍从的等待场所也逐渐被取消了。或许,在不久的将来,能在北京街道上看见独自一人抱着书包去上学的女孩子呢。此学堂设有日语这一科目,虽然每天课时很少,但是学生们的进步十分显著。最早课堂用语就全部使用日语,已经达到了交流毫无障碍的水平。照此趋势下,即便再过个几十年,不会说汉语的日本老师也可以无障碍地教授课程。现在有两名专职教师和服部夫人、特志夫人等致力于教学育人。现在还没有招纳男教师,确实有所不便。在八年后,该校将会迎来第一批毕业生,那时候,北京的女性教育会有怎样的变化呢?肯定会有隔世之感吧。

——涩川玄耳:《玄耳小品》,隆文馆1910年版,第55—61页。

设施

京师图书馆

从万寿山回来,我们每个人都有一些自由时间来游览自己心仪之所,一些人想去中央农田试验场,那里尽是七尺大汉,一些人决定去京师图书馆。我也加入了参观京师图书馆的行列。京师图书馆在方家胡同,著名的热河文津阁四库全书也收藏于此。馆内负责人十分热情地招待了我们,为我们详细介绍了此图书馆。对于翻阅一般图书实在是不过瘾,负责人便给我们展示了四库全书,这四库全书实在是让人叹为观止,我还有幸得到了一些印刷版书籍。编写四库全书需要大量的人力、时间和金钱,如果没有专制政府的支持,实在是难以完成。我们早早地离开了这里回到了住处,下午一点我们吃了午饭。

《四库全书》概略说明

查原制《四库全书》有文渊（在清宫）、文溯（在奉天）、文源（在圆明园被法军烧毁）、文津（在热河）、文汇（在扬州大观堂洪杨之役被毁）、文宗（在镇江金山寺洪杨之役被毁）、文澜（在杭州圣因寺行宫洪杨之役中近半被毁）七部藏本。兹将本馆四库全书概略说明于下：

名称

查本馆四库全书即热河文津阁书，书册首尾有"文津阁宝""太上皇帝之宝"及"避暑山庄"各大方印。

迁移

查民国初年经内务部由热河搬至古物陈列所，四年十月由陈列所移交本馆。

架数

查经部二十架，史部三十三架，子部二十二架，集部二十八架，共计一百零三架。惟经史各架（架各四层）低于子集（架各六层），以经史原藏阁上，子集原藏阁下，阁之上下高低不同，故架亦称之。

函数

查经部九百六十函（内有简明目录三函），史部与子部均一千五百八十四函，集部二千零十六函，共计六千一百四十四函。惟函外刻目所涂之色与书皮书带之色相同，但四部各分一色，经部绿色，史部红色，子部蓝色，集部灰色。

册数

查经部五千四百八十二册，史部九千四百七十六册，子部九千零五十五册，集部一万二千二百六十二册，共计三万六千二百七十五册。

行款

查经史子集行款相同，每半页八行，行二十一字。

以上各节敬举概略，系为便利参观起见，挂漏之处，尚祈见谅。

——森本角臧:《过眼云烟日记:鲜满支那的游记》，目黑书店大正十五年版，第141—144页。

中山公园

参观宫殿后深感疲乏,便来中山公园小憩。据说,中山公园原来还叫作中央公园,后来借故人孙文先生的名号改称为了中山公园。它位于天安门的西侧,距离故宫很近。民国四年作为公园对外开放以来,相继开设了游泳场、餐馆、茶馆和球馆等游戏娱乐设施。但是感觉上,它作为公园还是有些欠缺。

一 公理战胜纪念碑

我们专门去参观了一下在头脑中印象深刻的北清事变的纪念物——公理战胜纪念碑。听说,纪念碑原是叫作"谢罪碑",位于东单牌楼到东四牌楼之间。"谢罪碑"还有一段由来,即颐和园事变之时,清朝官兵杀害了德国公使克林德,随后基于《辛丑条约》的条款,清政府

图19 中山公园战胜纪念门
(原文插图)

就克林德被杀一事,向德国道歉,并被要求在克林德被杀地点建了一座纪念碑,这就是"谢罪碑"。

但是,随后爆发了第一次世界大战,在民国七年十一月,德国向协约国投降,并签订了休战条约。此消息一传入北京,在北京驻扎的法国兵欢喜异常,随即毁坏了这个门的一部分,第二天英、法、美的官兵都加入了毁坏此碑的行列。中国作为一战的战胜国,把这个碑移入中央公园也就是现在的中山公园,并把"谢罪碑"改成了"战胜纪念碑",保存了其原形,以便看到纪念碑能追忆起当时的情形。

二 茶馆及其休息区

走过纪念碑,又观赏了牡丹园、动物舍等其他两三个景点,就到了老柏苍苍的广场休息所,一眼望过去,有无数的铺着白金桌布的桌子(道路两侧有四五百张之多)排列着,每个桌子周围大概都有两至四张的藤椅。远远望上去,感觉很像铺着白席的日式客厅,其间有星星点点的穿着光鲜的男女游客出入,悠悠然地享受着清凉,这种场景在日本是无论如何都无法看到的。随后,我又和生岛先生一起,坐在一个一人抱的大树树荫下的藤椅上,先用侍者拿来的热毛巾擦了手,然后品茶嗑南瓜子。过了一会儿,我装腔作势地拿出一个大国人的架势,让侍者给我们介绍这个茶。知道这和我们日本的玉露是相似的,根据制做方法的不同茶也不同。随后侍者拿来了不同种类的茶,并且按照茶的好坏收取茶钱,这一点又跟我们日本不同。

日本的茶馆提供茶,更多是一种亲切感和礼仪性的行为,所以茶本身的好坏并不会对茶馆的名声有太大影响。但是这里的茶馆经营的主要目的就是卖茶,所以会特别用心地提供好茶。

客人们在这一大片如云霞般的坐席坐下后,便会看向远方的茶馆,侍者会马上过来。在我的眼里,我看到的这片坐席是没有界限的,连成一体,但是茶馆对于这片坐席,都有自己的管辖范围,各自负责各自的区域。这儿的坐席很多,相应的茶馆数量也很多,我觉得应该总得有十数轩吧。这跟日本公园里的茶店不同,是纯中国式的。用的是永久性建筑物,经营者也是一直居住在这里。

游客只是在这里买茶、汽水,然后去餐馆吃饭。生岛先生说,书屋基本上是没有什么人的,这一带坐席从傍晚到晚上的时段会满员,以前景气好的时候,坐席数量是现在的数倍。前些日子,张作霖败走,首都迁到南京以后,这里变得特别冷清,游客稀少。但是,即使是被称作最不景气的时期,北京的这些茶馆在设备方面,也比东京公园里那些铺着红毛毯长凳的茶店时尚很多。这里作为北京的一大景点,其规模宏大,也是首屈一指的。

三 孙文的祭场

休息后,归途中遇到孙中山先生的祭场。生岛先生讲解说,孙中山先生是民国时期三民主义的倡导者,他病故之后被安葬在北京郊外西山的碧云寺,今年五月移葬南京,在此期间,在北京举行了祭典,这就是其场所。孙中山先生死后的余光真如神明一般。

——森悦五郎:《观支那》,同仁会昭和六年版,第41—46页。

日本公使馆

六月十二日,我和同仁会北京医院新任的眼科医生渡边先生、耳鼻喉咽科医生伊绩先生一起走访了市内的各大医院。马养先生是这次活动的东道主。我们先去了日本公使馆、北平守备队警察署,然后又参观了各国公使馆区。

北京内城南部的崇文门到正阳门之间,排列着很多高楼大厦,都是仿照欧美风格建造的,这也就是各国公使馆街了。日本公使馆在交民巷,占据着有利地形,和英国公使馆相对,紧邻俄国、美国和荷兰各国的公使馆,背靠的是法国、意大利等国家的公使馆。

访问日本公使馆时,方泽公使正在从南京返回的途中,预计一两天才能到北京。所以,马养先生给我们介绍了公使馆馆员,带领我们参观府邸。在日本公使馆南

图 20 北平日本公使馆
(原文插图)

邻的日本兵营俗称北平守备队的地方,同几天前和我们从神户同船来的将校一起谈话,从中得知,日本兵营地域内有明代的詹事府,所以至今营内还保存着很多遗迹。随后,我们又走访了正金银行、邮局和警察局等几个地方,并交付了名片。在过去,各国公使馆所在的东交民巷是肃亲王府和清朝机要官员的府邸所在地,全中国的政令都在这里策划施行。现在,各国把自己公使馆选定在这里,并转作他用,使此地开放。但是,这个地方已经纯粹变成各国公使的居留地,并签订条约,不允许中国人居住,护卫的军队和巡查的警察都由各国担任,似乎这里已经不再是中国而是另一个世界。在这个区域走上一圈的话,会看见各种穿着不同的人,还可以对各国军队做一下比较,感觉收获很多。现在,正值夏天炎热之际,还可以看到很多正在进行游泳训练的军人出入游泳池,不禁让人赞叹这里设备的齐全。

在序文和文章里,大略了解了关于各国公使馆的历史,从康熙年间,俄罗斯派遣贸易事务官来北京,并在东江米巷建造了俄罗斯的据点以来,各国就开始在北京驻扎。咸丰十一年,英法联军攻入北京,签订通商条约,允许英法派遣公使进驻北京,并租借东江米巷恭亲王府一带建立大使馆,这是各国设立公使馆的开端。随后,美国和俄罗斯同中国缔结通商条约,设立大使馆。其后各国也开始纷纷效仿,同中国签订条约建立大使馆。一直到现在大概形成了如下所示的形态:

同治二年　荷兰　　　同治三年　　西班牙

同治四年　比利时　　同治五年　　意大利

同治十年　日本　　　光绪六年　　德国

光绪二十四年　澳大利亚

第一次世界大战,中国是战胜国,所以德国从中国撤出了,至今也还没建造自己的大使馆。俄国的大使馆现在也是闭馆状态。

——森悦五郎:《观支那》,同仁会昭和六年版,第47—49页。

北平协和医院

六月十五日,饭岛院长邀请我说:"这次要带金杉博士和楠本博士参观洛克菲勒医院,你也去吧。"我便与他们同去了。约定好的时间是上午十一点,我们六个人一同访问了协和医院。协和医院紧挨着同仁会北京医院,是由美国富豪洛克菲勒捐助建成,从外观上看,全部由青瓦筑成,宛如中国的宫殿一般极尽庄严。格林经理、德克塔格兰德先生来大门口迎接我们,饭岛院长与他们握手之后,两位博士做了自我介绍。金杉博士简单介绍自己为"博士金杉",并拘谨地握了下手,紧接着楠本博士也一样寒暄了一番。我一时不知道说什么,也拿出"博士"的架势与需要我仰头对视的高个子先生亲切地握了手。格林先生作为东道主,询问我们想参观什么地方,金杉博士回答说希望都参观一遍。

格林先生走在最前面,一边带我们参观,一边用流畅的日语为我们一一讲解。德克塔格兰德先生跟在最后,等我们通过之后总会把门关好然后再追过来,然后再等我们通过再关门,如此重复着。不知是为了阻止这个时节时常飞进来的苍蝇,还是出于他的待客之道,他绝对不会让门把手妨碍到他的来宾,这种关怀确实是无微不至。我们穿过了一楼长长的走廊,这里的走廊要远比同仁会北京医院的走廊宽敞,并且这里的走廊并不都只是为了让人通过的。走廊的一侧排列着几排能坐四个人左右的椅子,使来这里看病的患者能够面向同一个方向坐下来,他们差不多是按照安排火车乘客的样子来安排候诊患者的,管理得很有秩序。但是与我们同仁会医院的患者比起来,这里有好多生活水平明显低下的贫民患者来就诊。这大概也是因为洛克菲勒医院以免费治疗为主吧。

我们打开了某间房门悄悄往里一看,一位中国女患者身上盖着白布坐在椅子上,一位中国男理发师正在给她梳头发。本以为只有奢侈的医院才会给病人也配上理发师,原来并不是这样。因为有很多非常不整洁的、来自于下层社会的患者来这里就诊,为了让他们卫生整洁，即使是有点发烧的患者也要在他们住院之前给他们洗澡，换衣服，梳头发，身体清洁干净之后才能躺到病床上。现在我们正好看到了这一入院准备程序。正因为这样，不管是穿得多么破烂的下层社会的患者当他们被收入病床之后，看起来都像一个非常有钱的患者。

接下来参观二楼妇产科的一间婴儿房。刚出生的婴儿们被一个个放在婴儿车一样的吊床里睡着。再往里看，有六七个这样的小婴儿盖着纱布被，看不到婴儿的母亲，也没有护士在这里。格林先生说，每隔一段时间就会给这些小婴儿喂点奶，然后再把他们抱回这里。这个房间的温度和湿度，都被很细心地调节着。随后我们又进了另一间婴儿房，这间婴儿房里是四个已经长出牙齿的可爱的胖宝宝们。为了防止他们掉下来，把他们放在了有扶手的大型婴儿车那么大的吊床里。其中两个宝宝在安稳地睡着，另外两个则在玩起来再摔倒的游戏。一个白白胖胖的小宝宝啪嗒啪嗒地眨着眼睛，金杉博士"诶诶"地冲他叫一声，他便咯咯地笑了。我们不由得被他吸引住了，一时竟忘记了时间。据说这些孩子都是因为难产等原因没了母亲，更没有母乳可喝，都是用豆浆来喂着的。现在这四个婴儿由一位护士照看着,她在隔壁的屋子里用冷水给盛豆浆的瓶子降温。楠本博士取出眼镜来检查他们的眼皮,看到他们的营养及发育状况不由得夸赞不已。

另外,我们还参观了几个病房。有能盛下十人、二十人的有着成排病床的大病房,也有许多一间屋子只有两个人或者四个人的病房。这些病房,又分为两种形式,一种病房里有白色的帘子将每个病床分开;另一种病房没有白布阻挡,能够一眼看到整个房间。据金杉博士说,近来国外很流行用帘子隔开的那种病房。

将近十二点的时候,每个病房都送来了统一安排的食物,饭菜被装在全封闭的运饭车里推进了病房。打开盖子一看,饭菜被盛在圆形的容器里,并且连同容器一起浸在了热水盆里。这是一种保证从饭菜做好到患者吃到的这一段时间里饭菜不至于凉掉的一种装置。看到它,我不由得怀念起了十年前,我在陆军粮食总厂任职时,曾多年绞尽脑汁研究温食供给法的岁月。同时我也感觉到在我们日本的医院里也要安装这种设施的重要性。到厨房一看,发现饭菜做好后就会被放在防止饭菜冷掉的温室里,在这里见不到一只苍蝇。

到病房看看病人吃饭时发现,有从床上坐起来与前来护理的中国人一起吃的病人,也有让护士拿着饭碗喂食的病人,还有躺着不动用管子吃流食的病人。另外,有一个全身除了眼睛鼻子嘴的部分留着口之外,其他部分都是打着石膏的西洋人的小孩儿,护士把面包切成小块让他稍微张开嘴吃,简直就像雪人在吃东西一样。在这种炎热的天气里,全身被石膏裹着的患者真的很可怜。

这家医院雇用了大量的工人,而且对各个方面都进行了彻底的整顿。虽然说并不是到处都有人在工作,但是不管走到哪里都感觉很清洁。转了一会,我们就来到了三楼,看到了宽广的洗衣场上陈列的设施,以及蒸汽、电热烘干场。当时正是午休时间,到处都有很多中国洗衣工裸着身子午睡,其中还有人躺在了洗衣笼里,弯曲的身子像龙虾一样。

之后我们走过了一条长长的走廊,发现前方在施工。一打听才知道,原来医院一年之中会按照一定的计划,一部分一部分地进行修缮。也正因此,门和墙壁没有一点乱涂乱画的痕迹,甚至连一点手摸过留下的污渍都看不到。楠本博士说,我们北京医院现在也想稍微修缮一下内部的设施。

我们参观完各科门诊室、病房和消毒室等多个房间之后,登上了屋顶的天台。总览医院的外景,病房、医学校,除了林立的学堂之外,和日本人的大和俱乐部以及我们同仁会北京医院相隔远望的是宽广的职员、护士的宿舍,这之中还配备了极尽奢华的"网球角"和各种运动场。由于这一巍然耸立的建筑的存在,周围的各建筑更让人觉得寒碜了。这所医院的屋瓦全都是宫殿才使用的青瓦,问其由来,才知道这里原来是清朝皇族的宅邸遗迹,因此医院的房顶特地用了青瓦。但是据说现在这里没有制造青瓦的工人,青瓦年年破损,补充困难。也有传言说在建造这家医院时在地下埋藏了军用物资啦,挖出了金块啦等等,但是并不能断定这些流言是真是假。

放眼向远方望去,西方不远处可以看到宫殿的黄瓦屋顶,南方天坛的紫瓦在烟霞中浅浅的影子朝着燕京一带渐渐远去。浏览了铺满花岗岩的天台的边边角角之后，我们回到了屋内。走过一楼的走廊经过停尸房前，恰巧遇到七八个来为一位中国下层死者抬棺材的人，听说因其贫困没钱来承担棺材费，在这里放了好长时间。

后来东道主又带我们去了地下室、洗手间。又招待我们一行人到食堂去吃饭，除了金杉博士、饭岛院长、西村副院长、格林、格兰德先生等我们八个人一起吃了中国料理，稍作休息后我们又决定去参观医学校。依次参观了教室、实验室、解剖学教室等设施之后，我们来到了图书室。据饭岛院长说，这里医书的丰富程度堪称北京第一。杂志类书籍与医书区分开来，放在另外的书架上，并且根据种类以及月刊顺序排列好，正好跟同仁会的书籍整理架类似。这其中还有几本日本发行的杂志。

下到地下室里到达解剖室，格林先生打开了用石头建造的长箱子的盖子给我们看。我们往里一探，看见六七个裸尸面朝上直直地躺在溶液里。这是我第一次看到溶尸。据说这些都是旅途中病死的人或者没有人认领的死在路边的人，医院把他们的尸体收纳起来作为解剖的材料。像美国那样文明、富裕的国家，是很不容易发现旅途中病死的人以及路边的死尸的，因此据说有很多医生都希望被派遣到中国,从而能够在自己多年的职业生涯中有机会用这些尸体来学习解剖实验。饭岛院长说,虽然多次参观贵医院,但从没有一次像今天参观得这样细致。我们也对这家医院精细的讲解、热心的陪同感到非常满意。参观完宽阔的医院和学校后,下午两点多我们告辞了。

我想,就算是像我们这样医学界的外行人,也不由得十分艳羡洛克菲勒协和医院,由此也可以推知医学界的泰斗——两位博士以及北京医院正、副两院长的心情。当天晚上,饭岛院长招待我们在长春亭用餐,同桌的还有格林先生。格林先生对日本的了解程度着实令我钦佩。据说他是在横滨出生的,所以当天晚上我乘着余兴吟唱了《太功记》第十段,虽然我不知道他能否听懂。今天的参观学习对我来说是一份纪念,也将成为种在我记忆里的能勾起我回忆的一颗种子。

——森悦五郎:《观支那》,同仁会昭和六年版,第50—59页。

商店

支那这个民族在经商方面有着其他民族无法比拟的才能,关于这一点,之前在朝鲜、台湾工作的时候就多少有了些感触。这次旅行,我又特意来到了支那的大大小小的商店进行了考察,很高兴又学到了一些新的东西。一提到支那的商人,那些不了解支那的日本人就会想到在东京周边很常见的丝绸贩子或者濑户的修理匠,又或是走街串巷的药贩子,其实在支那看到的商人并不是那样的,有很多商人都是非常出众、非常优秀的。

北京的商店风格与欧美的商店风格有些相似,并不像日本本土的商店一样开设在道边,实行开放主义,把所有的商品都摆在橱窗前让顾客一目了然,而是像"良贾深藏若虚"这句古语所说的一样,不打开门进入店里,就看不到商品。如果想看到上等的商品,就得通过层层屏障,进到店的最里面才得一见。当然,路边小摊就另当别论了。在街上有卖水果、卖炖菜的小贩,这和日本开庙会时的情景一模一样。

令人感到意外的是,在北京到处都是西洋风格的杂货店,并且商品还十分齐全。从人数上来看,欧美人和日本人在北京总人数中所占的比例分别不足百分之一、百分之二,但是日本和欧美的商品所占的比例却远远超过了人数比例。由此可见北京人对于外国商品依赖程度很高。

——森悦五郎:《观支那》,同仁会昭和六年版,第60—61页。

电灯

一

北京有电灯没有电车,电灯供应商有两个,一个是中国的公司,一个是德国的公司,德国公司主要供应各国公使馆,中国公司主要供应北京市的一般家庭。

北京市现在约有电灯四万个,因申请持续增加而导致供给不足。最开始申请时,一个电灯是十元。如果需要安装,另外收取三元安装费。一个灯泡八十钱,第二次世界大战以后涨到了一元二十钱。供给是根据订货量来的,一户有十个以上的限制,现在达到了平均二十五个。不管怎么说,北京也是一个拥有四亿人口的国家的首都,如果能保证经费的话,赚个五十万一百万绝不是什么难事。

北京市内的电灯是一千瓦二十钱,公使馆一千瓦是从二十到三十钱。

二

北京的电灯设备真的是相当不完备,甚至三千伏特的高压送电线都是裸线,单从这一点,你就不得不对这乱七八糟的景象表示吃惊。而且,就连这么危险的高压电线,都不断有人来偷,就更让人惊讶万分了。公司为了防止人们偷盗电线,在白天也持续送电。所以连那些不要命的小偷,也不会在白天把手伸向高压送电线。他们对这样的高压裸线的危险性并不怎么了解,只当电气致死是理所当然的事情。每年,因接触到这根高压裸线而被电死的有四五人,被电伤的人大概更多。还曾发生过高压线碰触到电话线,对电话局造成影响的事情。据说,忘了具体是什么时候,还有一个日本的负责人因碰触到高压线导致头部被烧伤,而向公司提出严正交涉,对方却是一副不慌不忙的态度,这个日本人没能得到回应而毫无办法,最终忍气吞声了。

中国人比起生命更爱惜金钱,他们把金钱看得比生命还重要。父母或者孩子死了,只要能得到钱,结局就被看作是幸运的。公司为了断除他们"触电是不幸的"这一想法,会给电死者的家属三十元左右的抚慰金。这不得不让人感到震惊。

早先某年的八月份,在某朝交通部当顾问的中山先生到政府去上班的时候,通过一个叫作"和田仓门"的地方,看见地上倒着一匹马,马的旁边还躺着三个盖着席子的人,当时没有在意就走过去了。结果午饭点回家的时候看见他们还在,离厅下班时还在。那天晚上就在某个宴席上问起来,才知道原来是这么一回事。

昨天晚上,有一个盗贼想要盗取这个三千伏特的高压线,把电线的一端切断以后,断口迸出火花,盗贼害怕扔下就逃跑了。这时,一个倒霉的马夫正追赶他那匹没用的马,马蹄子踩到断了的高压线,马受电击而突然倒地。马夫吃了一惊,凑过来想看看究竟,结果也倒下了。这个时候,巡查走了过来。"喂!站起来,在干吗呢?"巡查正要拉他们起来时,也受电击倒地。片刻,又来了一个巡捕,看见同事倒在地上,马上想把他抱起来,结果也触电倒地。第三个来的巡捕,想用剑头把冒着火花的电线断头挑开,结果电顺着他的剑上来,把他电飞了。其他巡捕,逃到了本署。

接下来就是一场喜剧了。警察局认为,这是因电气致死的案件,是电灯公司的责任,命电灯公司来处理。公司认为,修复电线是理所应当的,但是电死人的根源在一场盗窃,公司不应该承担责任。然后,把这件事拿到了交通部,根据通讯局长说:"原来机关条令里是有关于电气事业的规定的,但是这些规定只限制在交通上使用电气项目即铁路电气上,不包含电灯。这一点在立法上有明确的解释。民国成立时,交通部写上了电气事业包括电灯电车,但是参议院认为交通部没有掌管电灯事业的理由,就把这条删去了。"所以交通部没有受理,驳回了申请。接下来转到内务府,内务府称自己管辖的是警务行政,这件事不在自己管辖的范围之内。最后到农商部,却被呵斥道:难道要把这件事归到殖产兴业里去吗?因为这件事是发生在北京市内的,最终万般无奈下,北京市政府受理了此案。在他们交涉的这段时间,死去的人就在天上飘着,不得安宁。

中山顾问听完之后,向交通部总长建言说:"现在正是共和国寻求认可的阶段,这样野蛮的事是伤害国家体面的大事。这样的事出现,归根结底是因为没有管理电气事业的法律。在这个时候,制定一部管理电气事业的法案,规定责任归属,预防危险的事情再发生这才是重要的。"随后,交通部总长直接向大总统建言。即日,内务、农商和交通三个部门分别选派两名人员,着手电气事业法的起草。其中的委员大半是我国的高级工业、商业人才。他们有的到中山顾问处听取意见。中山顾问告诉他们说:"日本有很完备的电气事业法,但是这个法律只在事业进步的文明国家适用。把它直接搬过来给中国是行不通的。如果可以的话,把各个地方从事电气事业的有经验的人选拔出来,让他们加入委员会,制定一份最适合国情的法案才是关键。"但是他们并没有听取中山顾问的意见,把日本的法案完全照搬过来做成成法,在当年的11月份就交给了交通部总长。交通部总长没有通过他们的法案,到底没有发布。公司里就仍旧不断地有死人事件出现。

——杉本正幸所:《最近的支那与满鲜》,如山居大正四年版,第99—103页。

电车

　　北京还没有电车，在华的很多日本人都在尝试争取到经营采办权，但是还没有人具体着手去做。据说，只要有五十万元就能得到这个权利。这个说法是这样来的。

　　几年前，各国的资本家和中国人竞争这个权利，其中有个中国人在申请时说，会用自己国家的资本、自己国家的人、自己国家的材料来经营，因此他得到了许可，但是条件是他必须在六月份前开始动工，否则权利就会被取消。这个发起人为了向人们呈现出已经开始着手运作的迹象，花费了十万元进行各种调查。这也就是，花费五十万元就能买下这项权利的流言的发端。但是这个中国人并没有开始这项事业，就已经被收回权利回家了。

　　北京市把电灯、电车、自来水和市区改造都收归政府监管,并以之为担保贷款。而自来水、电灯现在都是公司经营,随意用它们来贷款真是毫无道理的,而且践踏了市民的财产权。但是这也是中国特有的地方,给高官点贿赂,什么事情都能解决。

关于将来民国政府将怎么处理电车的问题,现在还不能下结论。实际上,如果把这项权利给日本人,认真经营的话,二十五万元也就可以了,但是政府没有许可。顺便说一下,政府的市营计划中资金是三百五十万元,而计划总长是二十七英里。

——杉本正幸所:《最近的支那与满鲜》,如山居大正四年版,第103—104页。

停车场和汽车

六月十二日，为了迎接远道来北京的金杉、楠本两位博士，我一天前后两次去了北平车站。在等他们到来的时间里，我得以参观了一下停车场（在中国"停车场"写作"车站"，"汽车"写作"火车"，"自动车"写作"汽车"）。北平停车场站台的顶棚建筑很完备，跟东京车站比较起来在外观上也毫不逊色，但是一旦进入站内，你就会发现很多不完备的地方。首先让人大吃一惊的是，这么大的一个车站竟然没有公共卫生间。虽然没有看见过上流社会的人这么做，但是我屡屡看到下流社会的人站在月台冲着铁轨小便，似乎毫不会顾忌在月台等车的女乘客的感受。

车站的站台是五钱，但是有时候不买票也可以进去。今天正午来车站的时候，在站台的入口被呵斥道："去买票再进！"于是，急急忙忙跑到售票处，发现现在不是火车到达的时间，卖票的工作人员正在午休。吵醒他买票好还是不好呢，我一时难以抉择。最后，在检票处我交现金进入了车站。出站的时候倒是很宽松，什么都没让出示就通过了。下午再去的时候，问同伴关于站台票的事，其中一个人说应该不用买，大家也就附和着跟他走。结果进站的时候，工作人员谁也没说什么，我们就通过了。我觉得惊异不已，在北京居住的人，也觉得很奇怪。

一种说法是说，只有在火车出发或者到达的时候才会卖站台票。我听说，在车站里工作的劳动人员中，有很多和检票口的工作人员和站岗的巡查有关系的，他们就从进站的人那里要到现金放人进站，然后再和这的工作人员一起分这些钱。所以，我今天最一开始给出去的票钱，最后是被收到哪个地方去了，很值得怀疑。乘客当中，有买了三等车票，却始终在餐车、一二等车厢附近徘徊，装作一等车厢乘客的样子，直至旅行结束。有靠和检票人员搞好关系来乘车的，而且这些人还绝不是少数。所以基于此，也不难想象中国铁路当局财政困难的窘境。

今天正好是此前把孙中山先生的遗骸运到南京的列车返回北京的日子。列车就停在了站内，虽说这个列车并不怎么气派，但是由于其周围停放的客车和货车都太寒酸了，所以看上去很醒目。在很短的时间内很多来参观这个灵车的群众就聚集在了车站周围，一时间秩序很混乱。

在这个车站的客车中，还有很多几乎没人乘坐的军人专用车。军人专用车当中，有虽然小但是有通风窗的跟客车相似的列车，但是更多的跟日本的有盖货车相似，由一节节只有一个地方作为出入口兼装卸货物口和通风窗口的车厢连接组成。总体来说，军人专用车要比客车差一点，大概跟货车相近。在这个军阀全盛的时代，经常可以看见被抓去充军的人和妻眷一起由佩刀的卫兵看押着，坐在如同家畜车一般的火车上被运送的悲惨场景。

如果客车、货车和铁路一起整修的话，确实需要花费很多人力，但是看到破损不堪的车还在运行的场景，还是感觉很同情。而且，若进一步去看车站的事务所的话，会发现站长以下全部的站员终日都坐在一张由硬木板制成的连蒲团都没铺的椅子上办公,就会好奇这些人的屁股是什么构造,这样不会疼吗?看到他们的时候,都会感觉自己屁股疼。

在北平滞留的这段时间,往返于北平停车场很多次后才知道,此北平东车站有两个出入口。北边的是车站的表玄关即正门,前庭广阔,与巍然矗立的正阳门只相隔一块空地。西边是京汉线的起点,与北平西车站遥遥相望。所以我们这些不经常来的人在表玄关下车也是很正常的。

同仁会医院的人从东单牌楼方向来的时候,因为可能在正门下车会绕远,所以他们大多通过公使馆区域的交民巷,从东边的入口进出,除非特殊的场合,好像一般也不允许从正门进出。在日本,有两个出入口的车站,近年来也日益增多。东京、上野、新宿、四谷、田端等地方的车站都有西、南、北三个出入口,初次乘坐列车的人或没有方位感的人常常会迷路,最终和来迎接的人错过。我认为,理想的车站应是只有上车和下车两个出入口,要乘坐列车的人都去乘车口,下车的人都在出站口出站,这样一来就能有效地对上下车的乘客进行统一管理。这无论是对车站人员、乘客还是来迎送的人来说，都是极大的便利。当然这是对没有方位感的人而言的。

话题有些跑远了，但因为北京站有两个出入口，所以刚来北京的时候我们不熟悉北京情况的外来人着实受了一番辛苦。所以在此我们也介绍一下我的经验。

那是渡边先生、伊绩予先生等人到达北京的时候，下火车后却没有看到一个前来迎接的人。几个也不知道是行李搬运工还是苦力，很有劳动者范的人来到他身边，想要把他的行李搬走。他想制止，但是由于语言不通，只能像驱赶一群苍蝇似地挥着手，皱着眉，来表示自己不同意。过了一会，还不见认识的人来，我就对他们一行人说：我去找医院的人来，在这之前你们在这里不要动，还有拜托你们照看下行李。然后我就向车站的正门口走去，睁大眼睛巡视着长长的月台，但是什么人也没找到。

这时眼前突然出现了一些很像日本军人的人，我深感惊喜走近一看，是来巡查的日本宪兵，就过去跟他们说北京医院的事情，他们对那里的情况很了解。我随即跟他们说，我们没有看见来迎接的人，想打一通电话，但是不会说中文,所以能不能麻烦你帮我们打。那个宪兵说,他来北京也刚一个月,还没有去上语言学校,但是会尽所能帮我。随即把我带到了站长室,他看了很长时间的笔记本,然后对站员说了什么,站员就去打电话了。尽管如此,我还是很佩服这个宪兵,觉得他很厉害。不一会电话就通了,我一听吃了一惊,电话里说刚才事务长以下的人都出去迎接了,渡边、伊绩两个医师及家属都已经平安到达,因为找不到森先生,现在也派宫泽先生开车来接了,如果看到他回来,请让他坐车来这里,然后对方说了再见就丁零一声挂了电话。我却更加糊涂了,怎么想都觉得很是怀疑。在月台站了一会,一个汗流浃背的人过来跟我说话,正是北京医院的宫泽先生。问了他我才知道,原来我去正门的方向去找人,在打电话的时候,迎接的人从后门来把他们接走了。安心下来后我想,第一次去一个地方旅行的话,一定得和迎接的人商量好才行。

中国车站的站台是没有顶棚的,也就是说是一种没有顶盖的"月台"。在我这次的旅行当中,到过的车站中只有北平车站的站台有顶棚,由此可以推断这里的雨雪是何等稀少。

我在日本的时候,每每想去旅行,不管出发的时候天气有多么晴朗,只要是想在外面住上一两晚,总会考虑考虑带上雨具的。

但是这次,在我三十多天的旅行当中,竟然一次也没用上雨具。由此看来,这里的站台没有顶棚也不无道理。但还是不能期待火车的出发及到达的时间像日本那么准确。听人说火车会晚点,有时甚至几个小时,所以必须把火车晚点的时间考虑进去。果然我坐车的时候也是,没有发生任何异常情况,火车还是常常晚点一两个小时。

——森悦五郎:《观支那》,同仁会昭和六年版,第62—66页。

宣传标语

在今天的游玩中,感觉合乎时代让我印象特别深刻的就是中华民国人民的宣传事业。对于初次来中国的我们来说,感受特别强烈的是中国人的思想以及中国人对我们日本的恨意。像这样,遍布中国南南北北,长约十几米的反日会的宣传条幅有很多,在巍峨的故宫的正阳门上,就挂有一副长约二十五尺的粗体字的横幅,从右到左依次写着"打倒日本帝国主义"。但是,因为最近中日之间悬着的问题都得到了解决,对反日行为的惩戒也日渐严厉,所以这个条幅文字也被迫要撤除。但是宣传人员说,他们是以宣传为职业的,如果一下子把这些条幅都撤除,会对宣传收入产生影响。所以经过一场滑稽的会谈,他们签订了一个首先撤除"日本"两个字,其余的字每月撤销两个的协定。所以在我滞留北京期间,这个条幅变成了"打倒○○帝国主义"。这真是一件可笑至极的事。

这样的宣传很多时候是承包性质的,是宣传部门职员的职业。这样看来的话,这样种种的宣传并不足为惧。对那些以写宣传语为职业的人来说,这些宣传条文跟商业上的看板是一样的。在北京滞留期间,我游览各处时,屡屡看到楼门、桥梁等其他地方贴着"打倒日本帝国主义"的条幅。当然这并不让人感觉开心,但是这绝不是表明中国人像宣传文一样,是对抗我们日本的。在游览市中心、逛商店、买靴子的时候,并不会让人有丝毫的不愉快的事情发生,相反会受到非常亲切的接待。我那天午后就和前山先生、若井先生一起去北平西停车场的咖啡馆(京汉线车站)喝咖啡吃东西小憩,这是距离我前边说过的那个挂着"打倒○○帝国主义"条幅的正阳门很近的咖啡馆,我们就一边遥望着那些粗体字一边喝着咖啡。如果这种大条幅能够煽动起反日思想的话,我们也不可能在这里安闲地喝咖啡,而且中国人还我们郑重有礼的接待,丝毫看不出来反日的迹象。

最近中国的将军冯玉祥先生出国考察,然后又回国,正巧这时有言论说他同南京政府之间有一些纠纷,反冯玉祥的运动就一下子变得激烈起来。北京市从郊区的万寿山到西山,到处都能看到宣传标语,如"打倒国贼冯玉祥"或者"打倒反复无常的冯玉祥"。这彻底的宣传阵势让人感到很震惊。但是,这种宣传到底能起到多大的效果还是个疑问。我不禁有些感叹,如果能真正为了国家的利益做些诚实的宣传,再加上这样彻底的效果的话,将会给国家的发展带来多么的有益的影响啊。

——森悦五郎:《观支那》,同仁会昭和六年版,第67—69页。

十字路口的广告

在十字路口、道路的尽头或者其他比较醒目的墙壁上,肯定会贴着各式各样的广告。北京的商人虽然在自己的店前就张贴着华丽夺目的广告,但是论起创意之新和投入的精力财力之多,哪处的广告都比不上十字路口的广告。在十字路口众多的广告中,最先吸引人眼球的便是烟草广告。不带过滤嘴儿的烟卷、带过滤嘴儿的香烟、雪茄等商标为了引人驻足,将广告装饰得又大气又华丽。通常使用汉英两种语言,以日本美国的香烟品牌居多。

医药方面的广告也很多,涉及医生的广告以牙医居多,并且医生几乎都是日本人、美国人。眼科的广告也有一些,但是总体来看,卖药的广告中花柳病药物的广告占了很大一部分。并不是说在北京得花柳病的人多,而是得这种病的人通常都害怕别人的风言风语,所以尽量避免就医，想通过药物自己进行治疗。而卖药的商人正是抓住了患者的这种心理，使得花柳病药物广告泛滥。其实每个国家都有类似的情况，在日本也有"让你不再饮酒"这类的戒酒药物广告，但是更令人惊奇的是在北京居然能看到"让你不再沉迷鸦片"这样的戒掉鸦片的药物广告。

眼药的广告也很多，一定是因为北京的空气中粉尘较多，质量不好，由此得眼病的人很多。从比例上来看，胃药的广告比较少。

或许是和饮食习惯有关，与日本相比较，这边得胃病的人要少。更加明显的是卖治疗呼吸器官疾病的药物广告很少。我特意找了找相关的广告，发现除了治疗哮喘的有效药之外，几乎没有其他治疗呼吸系统疾病的药物。或许是因为医学知识还不够发达，治疗心脏病、脊髓疾病的药物广告一条都没有。在北京，卖鱼肝油、牛奶点心的广告依旧很多，在日本卖类似的保健药品似乎也很流行。

学校的广告也很多，更不用说新兴学科的广告了。对于我们这些游客来说，通过这些广告就可以看出在北京渴求知识的氛围有多么浓烈。不仅如此,女子学堂的宣传广告也屡屡被贴出,十分常见。

——涩川玄耳:《玄耳小品》,隆文馆1910年版,第63—64页。

娱乐

观名角梅兰芳

六月十六日,在大和俱乐部召开了北京医院的庆祝会。晚上,西村副院长为了要表示对远道而来的客人的欢迎,提出邀请大家看梅兰芳的戏。于是我和金衫、楠本两位博士等一行人就跟着东道主西村副院长、生岛、高木等人来到了位于前门大街的中和剧场。日本的大剧院通常都是下午三点,最晚的时候也不过五点开场,到晚上十点就散场了,所以今天晚上十点来看戏让我感到有些意外。坐车的时候,高木给我们解释说:"在北平,电影院之类的也大多是在晚上九点开场,所以对于睡得比较早的日本人来说,先睡一觉再去玩也来得及。"剧场的外观并不像日本的大剧场那么气派,并且从内部的布置来看,也就比东京郊区的电影院大那么一点点。和日本的电影院一样,不同区域的座位代表着不同的等级,在这个戏院既有正对着舞台的头排坐席,也有位置较高的看台和普通的椅子坐席区。舞台的幕布看起来大概有十六米到二十米左右，但是和日本的剧院的不同之处是这里没有贯穿观众席到舞台的通道。幕布和日本一样，既有收拉幕也有卷幕。

就座后，让我觉得很舒服很方便的一点，就是椅子前面放置的宽五寸的长凳，观众保持坐姿不动就能够拿到桌子上的东西。可以把随身物品放到这个长凳上，一边喝茶嗑瓜子一边欣赏戏剧。一到中场休息的时候，服务生们就忙着倒茶，添点心，要是天气热的话，还得给观众提供毛巾。一有客人要毛巾，服务生们就站在很远的通道那边把刚拧出来的热乎乎的毛巾从观众的头顶上扔过去。客人接到毛巾后，就开始用毛巾擦额头擦手，这时候服务生们就会绕到客人的身后收取费用。我们看了不到两个小时的戏，总体感觉是周围的通风不好、很热，环境的清洁程度也不尽如人意。一般好一点的戏院都会设有休息区和食堂，但是这个戏院好像没有，只是到了中场休息时，服务生们会卖东西给客人，生意似乎还不错。对于绅士们来说，进了戏院，脱了外套，找个舒服的姿势看戏，也已经是家常便饭。因为我没有看这场戏的剧情梗概,所以解释起这个戏来有点困难,戏的名字叫作《杨贵妃传》,梅兰芳扮演的杨贵妃在舞台中翩翩起舞,这一场景给我留下了很深的印象。伴随着极具支那风格的音乐,梅兰芳身着华丽的服饰翩翩起舞,在五颜六色的闪光灯的照耀下,他的衣服更加光彩夺目,鲜艳亮丽了。在演技方面,梅兰芳也是公认的演艺界首屈一指的人物。当我听说最近他在美国出演一晚的费用高达一万元时,还为自己不懂得欣赏,有眼不识珠而感到遗憾了呢。戏中的台词与日常会话相比很难懂,有时又会用又高又尖的声调说话,金杉博士说像是发情的猫的叫声,我也这么觉得。与日本的戏剧相比,这儿的戏剧中的乐器声杂乱无章,有些刺耳。并且在曲与曲之间舞台布置等方面变化不大,所以很难知道到底是不是进行到下一首曲子了。戏一直唱到十二点以后,我们中途就出来了,戏院的周围又是格外繁华热闹。在支那戏院和饭馆是有着不可分割的密切关联的,不管是当官的还是经商的都习惯在饭桌上把事情谈妥后,一起高高兴兴去戏院看场戏。

总的来说,支那的大戏院就是东京的剧院与大阪的

图 21　日本人制作的梅兰芳石膏像
(《北京画报》1931 年第 4 卷第 186 期)

剧院的结合版,从第一排观众席到后面的高看台都是座椅席位,这一点很像东京的剧院。一到中场休息时间,就不断向观众兜售茶水点心,观众也是一边吃东西一边看戏,这很像关西那边的做法。我们年轻的时候,一说到去看戏通常都是会自己带好便当带好水,在中场休息的时候和大家一起边吃边看。在大正大地震之前东京也是像上面所说的那样,但是灾后,剧场就做了改进,现在东京的剧院大多都变成了气氛更为轻松的曲艺场。看完支那的戏院后,意识到也许不是支那模仿了日本,而是日本仿照支那,将原有的剧场改成这种具有中华风格的剧场。不管怎么样,所谓的看戏啊,还是想吃就吃想喝就喝,怎么舒服怎么坐,这样才有看戏的气氛,才不会扫了兴致。由此来看,还是支那的戏院比较有感觉。但是从戏院的环境来说,比起支那还是日本的剧院干净整洁美观,并且设施方面也是日本的剧院要齐全很多。但是听长期在支那居住的人说,支那的戏剧中有很多曲目都很有深意,这一点要胜于日本的歌舞伎。

　　以上是看梅兰芳的戏时的一些感想,与梅兰芳所在的这种大的戏院相对,也有一些小戏院,可以看出和日本一样，支那的戏院也是分三六九等的。其中戏票比较便宜的戏院，舞台的效果看起来就像是日本神社里面的拜殿一样，只有四个柱子，四面通风，既没有背景布也没有其他装饰，看戏的时候也不分前后左右，四个方向都能站着看。在舞台边缘的下方或者舞台的一角圈出来一小块地方，搭了个小屋，演员们就是在这个狭窄的小屋里面换衣服上场表演的。这种小戏台子很像日本庙会的神乐舞舞台。另外，伴奏的人没有单独的伴奏场所，拉二胡的、敲锣的、打竹板的、吹笛子的都坐在舞台的一角，吹吹打打，伴奏得很是起劲，但是对于我们这种语言不通的外国人来说，听着有些杂乱无章，并不是很悦耳。并且，看支那的戏剧需要很强的理解力，比如，在日本的戏剧里面出现的骑马的角色，能够很容易看出来他是在骑马，但是在支那的戏剧里面，右手拿一个马鞭似的东西就意味着在骑马，这场景数不胜数，对于我们来说无论如何也理解不了。

——森悦五郎：《观支那》，同仁会昭和六年版，第70—74页。

四海升平

从八达岭回来,听岩村先生讲完事情约莫已是晚上八点。

我拿手帕包了几十枚铜子别在腰间,准备了些桃太郎的吉备团子,就被内野先生带着去了曲艺场。出旅店叫了一辆车,我们穿行过正阳门大街上开着的大商店,在一条小道的入口处下了车,进了一家曲艺场。这个曲艺场叫"四海升平",用这个固有名词做店名感觉有些微妙。虽然这里并不算太大,但应该也能装下三四百人吧。观众席上放着桌子,桌子周围围着几把椅子。舞台上站着一个十八九岁的女人,左手拿着用五寸和两寸长竹节制作的节板,合着音乐的拍子高声唱着。伴奏有两个人,他们用蛇皮线、胡弓、铙钹、钲演奏着乐曲。我的鼓膜本来相当迟钝,但即便如此我也感受到了一种恐慌。我们刚坐下就有人来上茶了,端上来的还有西瓜子

图22　四海升平写真
(《北京画报》1930年第2卷第91期)

和南瓜子。之后他还给了我们热蒸毛巾。自不必说,等一下他会让我们付钱。内野先生用中文拒绝了他。我猜今晚很难尽快脱离这个喧杂的地点,于是早早地离开了。

　　回去的路上我进了一个不知叫什么名字的剧场。这里正在上演新派女演员的戏剧。舞台和日本乡下的剧场很像,但这里的观众席相当宽敞。虽然没看懂剧情,但演员的服装和长相都很美,声音也很动听。在这里比在四海升平更能够静心欣赏。在这里也会端来茶、南瓜子和热蒸毛巾,但我还是看到了最后。拿着大团扇扇向演员的男人和搬道具的人也和演员一样占据了舞台中心,他们优哉游哉地干着活,时而盯着演员的动作发出笑声,时而点评演员,这种行为极大地破坏了舞台的紧张感。

　　我坐着黄包车回去了,此时大概过了夜里十一点。从正阳门到崇文门这一段路相当冷清。内野先生的车子跑在我的前面,我的车子接在后面。不仅如此,我的车还会时不时停下,车夫不知道在和其他揽客的车夫说些什么。我感到非常不舒服,于是大声呼喊内野先生。

内野先生闻声停了车,我终于放下心来。内野先生告诉我,车夫嫌我太重,想要把我推给其他车夫。在这三更半夜里,车夫想把客人转手出去可没那么容易。他大概试了三次,但幸好每次都没有谈妥,最后还是没有人接手。我下车时他似乎说了几句什么话,最终多给了他四五枚铜子。即便这样,这里的车费也只是东京车费的四分之一或五分之一。汽车很贵,但黄包车却很便宜。

——森本角臧:《过眼云烟日记:鲜满支那的游记》,目黑书店大正十五年版,第145—147页。

城南演艺场

图 23 琴雪芳戏装照
(《图画时报》1927 年第 403 期)

晚饭过后,我们促膝长谈了一番,之后,一行四人去参观了城南演艺场,负责人是内野先生。和之前一样依然是乘坐人力车,不知穿过了几条路,总之我们到达了城南演艺场。内野先生帮我们安排了前排的座位。这部戏剧由琴雪芳这位美女演员领衔主演。是一部历史剧,虽然内野先生不时给我们解释剧情,但对于未曾认真看过戏剧的我来说,这依然是天方夜谭。我也只是注意到了琴雪芳这位演员的美丽动人。当然,我最后还是专注地看完了整个表演。但是舞台上混乱的状况和前一晚看到的是一样的,甚至有过之而无不及。站在舞台一旁的演说者,嘟嘟囔囔窃窃私语,不时还发出一些笑声。我们也和大国民众一样静静地欣赏着。过了午夜十二点,为了不在人群中走散,我们大声地叫嚷着保持联络,就这样回到了住处。

——森本角臧:《过眼云烟日记:鲜满支那的游记》,目黑书店大正十五年版,第145—147页。

作者简介

坪谷善四郎

坪谷善四郎(1862—1949),日本新潟县加茂町人,东京专门学校(现为早稻田大学)政治科毕业。大学毕业后进入博文馆,历任编辑局长、董事。1894年兼任内外通讯社主管,第二年参与创办博文馆《太阳》。1901年担任东京市译员,参与建设1908年开馆的市立图书馆。1911年被任命为通俗教育调查委员。1917年任私立大桥图书馆馆长。1918年任日本图书馆协会会长。热爱旅行,著有随笔、回忆录等著作四十余册。

本书选译了坪谷善四郎的《北清观战记》(博文馆1901年版),该书是1900年义和团事变后不久作者作为随行记者来华时所写的纪实文字。

高濑敏德

高濑敏德,生卒年不详,字华陵,日本肥后国(现为熊本县)人。1920年8月作为北京东文学社的日本教官来华,担任教职之余游历中国北方,根据自己的见闻记录了北京及其周边的中国人的风俗习惯、历史地理等情况,并将这些内容汇编成书,即《北清见闻录》。高濑还将1903年2月、3月、6月三次滞留中国的通信,以《支那事情》《支那所观》为题,寄给本乡教会机关报《新人》发表,后来也都收入该书。

涩川玄耳

涩川玄耳(1872—1926),本名涩川柳次郎,笔名薮野椋十,佐贺县人。是活跃于明治时期的记者、随笔家、俳人。从长崎商业学校毕业后来到东京求学,以成为法学家为理想。在东京独逸学协会中学及国学院学习后进入东京法学院(现中央大学)。毕业后成为一名法官,期间曾参加夏目漱石主持的俳句社紫溟吟社。

服部源次郎

服部源次郎,生卒年不详。1907年前往朝鲜经商。1925年春受朝鲜总督府委托,负责调查俄中水产贸易,只身视察中国,并将每日见闻刊载于《釜山日报》,总计88回。《一个商人的支那之旅》就是在这一游记基础上修改而成。1925年3月2日,他从朝鲜统营出发,经安东,北至哈尔滨,南至广东,往返于上海与海口,最后于6月14日回到朝鲜。此次行程海陆约七千英里,访问主要城市二十五座,时间103天。除了名胜古迹,凡工商业、政治、教育、产业、宗教、艺术风俗、习惯等,也都尽其所能进行了调查研究。

森本角臧

森本角臧(1883—1953),仓吉市人。汉学家,教育学家。东京高等师范学校教授。

作者于大正十四年六月从东京出发来到朝鲜,后经奉天取道大连、旅顺,再到青岛、济南、天津、北京、南京、苏州、上海、杭州等地,几乎游遍中国的主要城市。

鹤见祐辅

鹤见祐辅(1885—1973),日本官僚、政治家、作家。共出版日语著作42种,包括游记、随笔、论文、小说、传记等。1923年4月,鹤见祐辅的《偶像破坏期的支那》出版。1924年东京的大日本雄辩会将其中的《北京的魅力》等杂文辑为一册,出版了《思想·山水·人物》。大正、昭和时代大多数日本文化人带有强烈排他性的价值观,拒绝承认中国文明应有的地位及价值。鹤见却主张文化的包容性,倡导以阔达的胸襟摄取中国文明的精髓,从而重建日本新文明。

森悦五郎

森悦五郎,生卒年不详。1921年6月4日由东京出发,参加北京医院创立15周年庆贺典礼,并借此机会参观了日本同仁会在北京、济南、青岛等地的医院。他不仅对各地医院的情况有所介绍,对北京、青岛、济南等地的城市见闻及当地日本人的生活现状也进行了记述。

后藤朝太郎

后藤朝太郎(1881—1945),号石农,日本爱媛县人。日本明治后期至昭和初期的语言学者,被人称为昭和初期"中国通"第一人。毕业于东京帝国大学文科大学语言学系。先后在文部省、台湾总督府、朝鲜总督府任职,后转任日本大学教授和东京帝国大学讲师。1945年8月因交通事故去世。著有《文字研究》《支那风物志》《邻邦支那》等。

正宗白鸟

正宗白鸟(1879—1962),原名正宗忠夫,生于冈山县和气郡。日本小说家、戏剧家、评论家。1901年毕业于东京专门学校(早稻田大学的前身)。1903年任读卖新闻社记者,负责戏剧、文学、美术评论工作。1910年辞去读卖新闻社的职务,专门从事写作。1940年被推选为艺术院会员。1943年任日本笔会会长。著有《尘埃》《到何处去》等。

福良俊之

福良俊之(1907—1972),昭和时代记者,经济评论家。生于明治四十年(1907年)。早年毕业于庆应大学。昭和七年(1932年)进入时事新报。后任东京新闻社经济部长、评论委员长。因担任NHK解说委员为人所知,亦曾任税制调查会、证券交易审议会等机构委员。昭和四十七年(1972年)去世。

高桥庄造

高桥庄造,日本教育家,曾任立川第二小学校长。

野村得庵

野村得庵(1878—1945),名德七,号得庵,日本大阪市人。1919年成立大阪野村银行。1925年成立野村证券,并逐渐形成野村财阀。后曾任贵族院译员,对茶道颇有研究。

1925年4月15日野村从神户出发,在上海登陆,7月9日经朝鲜回国,期间曾在北京逗留。《漫船步苦马》是他这次中国旅行的见闻录,由旅途日记和杂感组成。

杉本正幸

杉本正幸,日本学者,著有《不动产价格论》。本书中的"电灯电车""北京名胜古迹"等章节选自其《最近的支那和满鲜》(如山居1915年版)。

参考文献

[1] 坪谷善四郎:《北清观战记》,博文馆,1901年。

[2] 高瀬敏德:《北清见闻录》,金港堂书籍,1904年。

[3] 渋川玄耳:《玄耳小品》,隆文馆,1910年。

[4] 鹤见祐辅:《偶像破坏时期的支那》,铁道时报局,1923年。

[5] 服部源次郎:《一个商人的支那之旅》,东光会,1925年。

[6] 野村得庵:《漫船步苦马》,今井常三郎,1925年。

[7] 森本角臧:《过眼云烟日记:鲜满支那的游记》,目黑书店,1926年。

[8] 后藤朝太郎:《支那趣话》,大阪屋号书店,1927年。

[9] 后藤朝太郎:《翰墨谈》,富士书房,1929年。

[10] 森悦五郎:《观支那》,同仁会,1931年。

[11] 后藤朝太郎:《最新支那旅行案内》,黄河书院,1938年。

[12] 正宗白鸟:《随想记》,人文书院,1938年。

[13] 高桥庄造:《教育者眼中的祖国和大陆》,二松堂,1940年。

后记

笔者在完成天津教育厅人文社科项目"日本人笔下的天津"的过程中,搜集了大量近代日本人来华期间的游记、纪实、日记、信件、见闻录等文献。这些文献的内容记载翔实、栩栩如生,阅读起来颇为有趣,且蕴含着丰富的历史信息,于是萌生了继续整理编译日本人笔下城市印象书稿的想法。恰巧此时经天津社科院万鲁建副研究员的介绍,有幸结识了南京师范大学出版社的张元卿老师。张老师正在组织编译"近现代日本人笔下的中国城市"系列丛书,经万老师推荐,笔者荣幸地承担了本书的编译工作。

近代以来日本人游历中国所留下的文字资料种类繁多,数量巨大,整理编译一套"近现代日本人笔下的中国城市"系列丛书,对于从事近现代中日文化交流史、中国城市史等各方面的研究是很有裨益的。张老师希望大家选择珍稀资料进行编译,尽量兼顾史料价值和可读性,力求满足当下关注中日文化、都市文化的读者的需求。

张老师为人平易,在本书的编辑方面提出了很多可贵的建议;对于编译过程中出现的问题不厌其烦地给予指导和修改,在此表示由衷的感谢!

日本留下的文献资料多而庞杂,本人在搜集编译过程中遇到很多困难。万鲁建副研究员在资料搜集、整理、编译方面给予了无私的指导和帮助,借此机会也表示深深的谢意。

特别说明的是,北京第二外国语大学翻译专业的硕士研究生张阳,选取了本书的"北京印象记"等章节作为自己的硕士毕业论文选题进行翻译实践的研究。笔者对其日文翻译进行推敲修改后亦呈现在读者面前。

时间仓促,加之本人能力有限,本书的不妥之处想必甚多,敬请各位专家批评指正。

2016 年 12 月